平井美津子

サンフランシスコの少女像

尊厳ある未来を見つめて

紙出版センター

はじめに…恥ずかしいよ大阪市長

２０１７年12月7日、私は大阪市役所の政策企画室前にいた。吉村洋文《ひろふみ》大阪市長に抗議をするためだ。

ことの発端は、サンフランシスコ市に市民団体が「慰安婦」の記念碑を作ると計画し、それに当時の橋下徹大阪市長が反発したことだ。橋下市長のあとをうけた吉村市長も何度もサンフランシスコのエドウィン・マー・リー市長（以下、リー市長）や議会に記念碑の建設に反対する抗議の手紙を送っていた。さらに、もしこの記念碑が市に寄贈されて、サンフランシスコ市のものとなるようなことがあれば姉妹都市の縁を切るという脅しのようなことまで伝えていたのだ。

そして、17年9月22日に「慰安婦」の記念碑が完成し、同年11月22日にリー市長が記念碑の寄贈を受け入れると署名したことを受けて、吉村市長は「信頼関係は消滅した」と、一方的に姉妹都市解消の手続きを取る方針を出した。

この吉村市長の方針に対して「60年もかけて作り上げてきた姉妹都市の関係を市長の一存で解消していいのか！　歴史と女性の人権を否定するような市長の行動は許せない！」という声が広がった。吉村市長に「早まったことをしないでほしい、歴史を直視してほしい」という思いで集まった仲間たちが大阪市役所に抗議に行こうと計画した。私も、いてもたってもいられなかった。

息せき切って走っていくとすでに40名あまりの仲間たちが抗議の文書を手渡し、それぞれ自分たちの思いを言葉にしていた。ぜーぜーしながら、仲間たちの言葉を聞いていると突然、私の順番に！

「えーっ！聞いてないよー」と心の中で呟きながらも、今まで中学校で子どもたちに「慰安婦」のことを教え続けてきた責任として、吉村市長に伝えなければという思いがふつふつと沸いてきた。

「私が『慰安婦』のことを教えた子どもたちの多くは、『慰安婦の存在を知ってよかった』『戦争によって女性がこんな目にあったことを知らなければならない』と言いました。そこから戦争のむごさを知り、2度と戦争を起こしてはならないということを学んでいったのです。決して『慰安婦』のことを学んだからといって、自分の国を卑下したり、いやになったりはしません。それどころか、子どもたちが憤るのは、日本政府がこの問題に向き合わずに、被害者の女性たちに誹謗ともとれる発言を繰り返す政治家たちがいることです。吉村市長がやろうとしていることは、今や国際的に高まっている『性暴力は許さない』という動きに逆行しています。『慰安婦』問題は国際的な女性の人権を守る動きと直結しています。本来なら『慰安婦』像※は日本が建てるべきものです。それがあの戦争を本当に反省しているという証のはずです。サンフランシス

大阪市役所前での抗議（上）と市長に申し入れをする市民たち（左）

リー市長を悼む花束で埋め尽くされる市庁舎前（提供：花房吾早子）

コ市が『慰安婦』像を立てたことに対して、『女性の人権を守る像を立ててくれた』と感謝しこそすれ、批判するのはお門違いです。こんな人権感覚のない市長のいる大阪市で万博なんてできるのでしょうか？　こんな形でサンフランシスコ市と縁を切ったら、恥ずかしいですよ大阪市は！」

今まで教えてきた子どもたちのことを思い浮かべながら「言葉よ届け」と訴えた。対応に立った代理の方はうなずきながら聞いていた。でも、本当に届けたかったのは吉村市長に、なのだ。「慰安婦」を学んできた子どもたちの認識――なぜ「慰安婦」のことを伝えなければならないのか、決して日本を貶めるためではなく、負の歴史を学ぶことで平和な社会をつくる主権者になってほしいという願いを込めて。

そんな矢先の12月12日、リー市長が急逝した。多くのサンフランシスコ市民に慕われた市長。市庁舎前はリー市長の写真とともにたくさんの市民からの花束で飾られた。これほどまでにその死を悼まれ、市庁舎前を埋め尽くすほどの花束で市民から慕われた市長がいただろうか。吉村市長の姉妹都市解消の通達は新市長が決まってからとなった。

サンフランシスコ市で「慰安婦」の記念碑が建てられたことの意味は何だろう？　どんな人たちがどんな思いでこの記念碑を作ろうとしたのか。じかに会って聞いてみたいと思った。行くのは今しかない！　春休み、思い切ってサンフランシスコ市へ飛んだ。

※「慰安婦」のことを後世に残そうと２０１１年12月14日に建てられたのが「慰安婦像」のはじまりだ。正式名称は「平和の碑」と呼ぶ。それ以来、さまざまな所に建てられていった。この本では、多くの人に知られている「少女像」という呼び方で統一する。

もくじ

はじめに…恥ずかしいよ大阪市長 2
第1章　恥ずかしい人々 8
・アメリカで「歴史戦」が！ 8
・「少女像」を撤去せよ！ 10
・連帯する人々 13
・橋下市長の暴言を拒絶するサンフランシスコ市 16
・恥ずかしい人々 17
・「恥を知れ！」 19
第2章　サンフランシスコ市に「少女像」が 22
・像をめぐる吉村市長とリー市長の違い 22
・吉村市長が姉妹都市解消?! 24
第3章　多様性の街・サンフランシスコ 29
・大阪通み〜つけた！ 29
・ホームレスを受容する街 32
・ホームレスも大学へ 39

・図書館は多文化体験の宝庫……41
・講和条約の地で感じた日本の存在の耐えられない軽さ……44
・レインボーフラッグのシャワー……47
・歴史を記憶する街……51

第4章　「少女像」を作った人々……53
・会いたかった人たちに会えた……53
・さまざまな背景をもった活動家たち……58
・吉村市長のおかげで有名に……61
・「慰安婦」を教育の場で……64
・在日がつなぐ連帯……68
・吉村市長、人としての情けと共感を……75
・社会正義から遠く離れた日本……79

第5章　つちかってきた絆は壊せない……85
・友好を築いてきた人々の思い……85
・なにわ友あれ交流を……87

おわりに…「少女像」を大阪に……93

第1章　恥ずかしい人々

アメリカで「歴史戦」が！

なぜサンフランシスコ市で作られた「慰安婦」の記念碑にここまで大阪市長は反応するのか。誰もがいぶかるところだ。「歴史戦」という言葉をご存知だろうか。私も初めて聞いたときは、意味がわからなかった。いつ頃から使われだしたのだろうか。

「新しい歴史教科書をつくる会」の藤岡信勝氏が、「『歴史戦』という言葉にしたのは『産経新聞』です。２０１４年４月にスタートした『産経新聞』の連載記事が『歴史戦』という言葉を使いました」と17年中山恭子参議院議員が主催する経綸塾で講演した時に語った。藤岡氏や櫻井よしこ氏ら歴史修正主義者たちはかねてより「慰安婦」問題に執拗に反応し、取り上げてきた。最も注目を集めたのが、14年８月の「朝日新聞」の「慰安婦」報道の検証に端を発した同紙へのバッシングだ。このバッシングは「慰安婦」問題に関する記事を多く書いてきた植村隆・元朝日新聞記者にも波及し、彼や彼の勤務する大学、家族にまで脅迫状や嫌がらせなどが行われたことで知っている方も多いだろう。

この「歴史戦」の主戦場はアメリカだ。なぜアメリカなのか？

現在の時点でアメリカやカナダなどで建てられた「慰安婦」像や記念碑は13にのぼっている。その先駆けとなったのは２０１０年にアメリカのニュージャージー州パリセイズ・パーク市に設置された「少女像」だ。これがアメリカで初めての「少女像」となった。12年11月4日、ニュージャージー州の地元紙「スターレッジャー」にすぎやまこういち氏や櫻井よしこ氏、青山繁晴氏、藤岡信勝氏らが歴史事実普及委員会と名乗って「Yes, we remember the facts.」という全面広告を出した。そこには『「慰安婦」は性的奴隷ではない』「強制連行を裏付ける資料はない」などの主張が書かれ、首相に返り咲く前の安倍晋三氏を含む国会議員38名も名を連ねていた。

「スターレッジャー」に出された広告（提供：山口智美）

この広告を出した1カ月後の12年12月26日、第二次安倍政権が発足した。ここから、安倍首相を先頭とする日本政府を挙げての運動が始まる。日本の右派はもちろん、その右派たちに支えられた安倍政権や自民党は、「慰安婦」問題に関して、中国、韓国が日本を「貶める」ために「戦い」をしかけており、その「主戦場」がアメリカだと考えたのだ。躍起になって「少女像」の撤去や建設反対に動きだした。方法としては、在米日本大使館や領事館、姉妹都市となっている日本の都市が、市議会や市長、日系の団体などに働きかけることだった。今回のサンフランシスコ市に対する大阪市長の行動もそれにあてはまるだろう。「なでしこアクション」といった日本の右派団体も市議や市長に大量の同じ文章のメールを送り付けるなど活発な活動を展開した。

「なでしこアクション」とはどんな団体だろう。会の代表は山本優美子氏。山本氏は、「朝鮮人を叩き殺せ」「不逞鮮人」などという言葉をヘイトデモでまきらしている「在日特権を許さない市民の会」（以下、在特会）の元副会長で、在特会結成直後から初代会長の櫻井誠氏と行動し、外国人参政権反対デモなどを主催していた人物だ。その後、在特会を離れ、「慰安婦」問題などの真実（右派から見た）を広めるために作った組織が「なでしこアクション」だ。彼女は16年7月、国連女子差別撤廃委員会にも乗り込み、杉田水脈氏（当時、次世代の党の前衆議院議員、現在自民党の衆議院議員）らとともに、「慰安婦」の強制性を否定したり、性奴隷ではないと主張し、女子差別撤廃委員会に集う人権活動家らから冷笑を浴びている。ヘイトスピーチ規制法が成立した今なお、「慰安婦」たち被害者を貶める言動を続ける人が代表となっている団体ということは知っておきたい。しかし、日本政府や右派が躍起になればなるほど、アメリカで「少女像」は増えていった。

「少女像」を撤去せよ！

「歴史戦」の最も象徴的なものが、13年7月30日、ロサンゼルス市近郊のグレンデール市の市立公園に建てられた「平和の少女像」だ。アメリカで初めて公有地に建てられた像となった。この像を立てた人々は韓国系アメリカ人団体だった。

一方、「少女像」に反対する人々は、前述の団体を中心として日本からのメールによる抗議を殺到させ、市役所にも押し掛けた。この運動の中心になった目良浩一氏が結成したのが「歴史の真実を求める世界連合会」（以下、GAHT、２０１４年2月）という組織だ。結集した人々の多くは「新一世」（戦後、特にバブル期に移住した新しい移民）と呼ばれる人たちで、アメリカ生まれの日系人はいない。藤岡信勝氏、山本優美子氏ら歴史修正主義者が会の幹部となっており、グレンデール市を相手取って、ロサンゼルスの米国連邦地方裁判所などにこの像の撤去を求めて裁判を起こした（この裁判は、GAHTの敗訴が確定している）。

14年8月に「朝日新聞」が「慰安婦」報道の検証を発表して以降は、GAHTや日本の保守系メディア（『週刊新潮』『週刊SPA!』などの雑誌や『マンガ大嫌韓流』）、歴史修正主義者たちが、「『朝日』の誤報によって『慰安婦』像が世界中に作られ、それによって日本人いじめが起きている」などと主張し、これが拡散されていった。これに飛びついた「日本会議」などの右派団体が中心となって、日本国内でも朝日新聞社を訴える複数の裁判が起こされ、在米日本人らも「朝日」のために被害を被ったとして、裁判の原告や証人として関わった（この裁判は、全て訴えた原告が敗訴、朝日新聞側が勝訴となっている）。

では本当に、日本人いじめがアメリカで起きているのだろうか？　山口智美氏が「政権・右翼団体が一体となった『歴

グレンデール市の「少女像」（提供：山口智美）

史戦』の孤立と改憲運動」（雑誌『前衛』2016年3月号、日本共産党）のなかで書いている。

「少なくとも、『慰安婦』問題を原因としたいじめが、公的な場にきちんとした形で報告されている事例はないといえます。…もちろん、在米日本人や日系人はアメリカではマイノリティですし、レイシズムなどの様々な理由により、いじめそのものはあるかもしれない。ただ、おそらく『慰安婦』像のせいではないと思いますし、ましてや『朝日新聞』のせいではないと思います。…ただ、逆に、在米日本人の小さなコミュニティで固まり、他のアジア系住民を敵視しながら『慰安婦』像や『朝日新聞』が悪いなどと主張し続けていると、ますます孤立してしまうのではないかと思います。…英語もあまりできず、日本人の狭いコミュニティにいて、同調圧力が強いなかで、みんなで集まって『日本がバカにされている』と言って盛り上がる。…しかし、その人たちの状況を、『慰安婦』像のせい、『朝日新聞』のせいという方向にもっていってしまっているのは、日本会議などの日本の右派や政府であり、その責任は大きいと思います」

まさに「日本会議」や政府こそが、誤報によって在米日本人たちを動かしているのではないだろうか。18年3月、杉山晋輔氏が駐米大使になった。杉山氏は「産経新聞」の2月15日のインタビューに、以下のように答えている。

「米国でもいろいろなところに慰安婦像が建ち、関係する決議が議会で通っている。大変遺憾なことです。日本を代表する立場の者として、できるだけいろんな地方に足を延ばし、総領事とともに肩を並べてこれまで以上に努力し、誤解を解いていきたい。私自身、16年の国連女子差別撤廃委員会で、慰安婦に関する日本の考え方を説明しました――杉山氏は外務審議官だった平成28年2月、国連女子差別撤廃委で、軍による慰安婦強制連行を報じた『朝日新聞』の誤りを指摘し、『性奴隷』との表現にも『事実に反する』と主張した（以上、「産経新聞」より）――。あのときに言った内容は鮮明に頭に入っています。日本政府の立場は、あれに尽きています。ああいう日本の非常に明確な確固たる立場があるので、皆さんにわかってもらう努力をするのが大使の重要な役目の一つだと確信しています」

駐米大使という仕事において、『慰安婦』問題に取り組むことが日本政府を代表して行う重要な役目なのだろうか？　安倍政権が、事実に基づかない不毛な「歴史戦」を国家を挙げて展開していくために駐米大使に任命したとしか思えない。ここにも国政を私物化する安倍政権の姿が垣間見える。果たして、こういった歴史歪曲を海外で展開していく政府の姿が、国際社会でどう映るのかわかっているのだろうか。

連帯する人々

グレンデール市の「平和の少女像」の除幕式には像の建設の中心となった韓国系アメリカ人の団

体に連帯した日系人団体の「市民権と名誉回復を求める日系人の会」(以下、NCRR)と「日系アメリカ人市民連合」(以下、JACL)も参加している。「慰安婦」問題に共感する日系人とはどんな人たちだろう。以下、アメリカにおける「歴史戦」に詳しい小山エミ氏の文から要約する。

「NCRRは第二次世界大戦中の日系人収容政策に関してアメリカ政府からの謝罪と補償を求めるために1980年に設立された団体だ。88年にアメリカ政府がその要求に応じてからも、アメリカや日本におけるマイノリティの人権擁護を推進する活動をしている。01年の同時多発テロの時に国内のイスラム教徒らアラブ系アメリカ人への支援を表明。『慰安婦』像の序幕式では、団体のキャシー・マサオカ代表はスピーチで、アメリカ政府による公式な謝罪と個人賠償が強制収容政策の被害を受けた日系人たちにとってどれだけ大きな意味を持ったかを語り、日本政府が元『慰安婦』に対してより明確な謝罪と個人賠償を行うよう訴えた」(小山エミ、「アメリカ『慰安婦』碑設置への攻撃」『海を渡る「慰安婦」問題』所収、岩波書店、2016)

アメリカの日系人の記憶の根底には、第二次世界大戦期の収容政策による深い心の傷がある。だからこそ、彼らは同じ第二次世界大戦期に悲惨な体験をした「慰安婦」に共感したのだ。

さらに小山氏は書く。

「アメリカにおいて日米開戦とともに日系人収容政策がとられた背景には、日系人は当時の大日本帝国および軍の手先であり、米国籍であっても信用に足らない、という人種的偏見があった。何十年たったいまもアメリカへの忠誠心を疑われることが日系人にとって歴史的トラウマとなっている。あとからやってきた保守系日本人たちが、そうした事情も理解せずに『日系人』代表のようなふりをして大日本帝国を擁護する運動を始めたことに、日系人たちが反発するのは当然だった」（前掲書）

自分たちの親や祖父母の世代が大日本帝国にルーツを持つというだけで、信用できないと疑われ、人種差別の末に収容所に送られたという記憶は彼ら日系人にとって忘れがたいものだ。日系人たちのなかには、そういった偏見や差別から逃れるために戦時中アメリカ軍に志願し、最も過酷な戦場でアメリカへの忠誠心を示さざるを得なかったという人々も多い。収容所に連行され、敵国人としてレッテルを貼られ、人間としての尊厳を奪われた忌まわしい過去の記憶は消せるものではない。普段は忘れていても、時としてその記憶がよみがえり、苛まれるという。「慰安婦」だった人々も、長年にわたってそういった苦しみを背負い続けてきた。その痛みを共有するからこそ、連帯したといえよう。

日本政府や右派が歴史を否定しようとアメリカで集会を開いたりする動きに対して、その動きを察知して抗議をする動きも広がっている。しかも、それに反対してきた韓国系のアメリカ人や日系人だけでなくアジア系アメリカ人や反戦団体、女性団体、労働団体なども連携して、「慰安婦」否定の動きに対する抗議運動が広がりを見せているのが現状だ。

橋下市長の暴言を拒絶するサンフランシスコ市

13年5月13日、市長就任以降、「慰安婦」問題にかかわって数々の暴言をしていた橋下徹大阪市長・日本維新の会共同代表（当時）が「慰安婦」問題についてまたもやとんでもない発言を行った。

「事実と違うことで我が日本国が不当に侮辱を受けていることには、しっかりと主張をしなければいけない」「なぜ日本の慰安婦問題だけが取り上げられるのか」「日本だけじゃなくいろんな軍で慰安婦制度を活用していた」「慰安婦制度は必要なのはこれは誰だってわかる」「（米海兵隊に）風俗業を活用してほしい」といった内容だ。この発言は公的な立場の人による「慰安婦」制度を正当化する人権侵害問題として国内のみならず世界からも抗議や批判の声が上がっていった。

当時私が教えていた中3の生徒たちも、この発言から「慰安婦」問題に関心を持つようになった。この生徒たちに行った「慰安婦」授業で、男子から橋下市長発言について「戦争中でも許されないことはある」という意見が出てきた。詳しくは拙著『「慰安婦」問題を子どもにどう教えるか』（高文研、2017）をご覧いただきたい。

これに対し、大阪市と姉妹都市関係にあったサンフランシスコ市当局は同年5月22日に、6月から予定されていた橋下市長の公式訪問や表敬訪問を拒む文書を大阪市に送った。また6月18日には、橋下市長に発言の撤回と被害者への謝罪を求めることなどを盛り込んだ決議案を11名の市議たちが全会一致で採択した。7名の議員が共同提案した同決議は、橋下市長が5月13日に行った発言に世界が震撼し、同19日にも「慰安婦」が「暴力・脅迫・拉致によって強要された」という事実を否定したと指摘したうえで、中国やアメリカをはじめ世界中から「嘆かわしい発言」と非難されたと書いている。また、同27日に行われた外国特派員協会での講演で橋下市長が「日本だけが不当に非難されている」と主張し改めて強制の事実を否定したと批判した。

そして最終的に、（1）橋下市長の態度と発言を強く非難する、（2）日本の国会が戦時中の残虐行為を公式に認める法律を採択するようオバマ米大統領と米議会が日本側に働き掛ける、（3）サンフランシスコ市のリー市長が姉妹都市の市長として、この決議を橋下市長と大阪市議会に届け、発言の撤回と元「慰安婦」への謝罪を求める、（4）今後も姉妹都市関係を基に、友情、協力、交流プログラムの継続を取り組むことなどを決議するとした。

この結果、6月11日からサンフランシスコ市への訪問を予定していた橋下市長は訪問の中止に追いこまれた。激怒した橋下市長は8月13日付で、決議の撤回を求め「慰安婦の活用を正当化したことは一度もない」とし、アメリカでの「少女像」設置の動きに関し、「人道的問題を政治目的化した運動に同調せず、建設的対話を開始すべきだ」とする内容の書簡をサンフランシスコ市議会に送り、「サンフランシスコ市長が謝らない限り、サンフランシスコ市を訪ねることはない」と事実上のリー市長への絶縁を宣言、ここから、サンフランシスコ市と大阪市の確執が始まった。

恥ずかしい人々

15年7月、サンフランシスコ市議会議員の一人エリック・マーが「少女像」の設置を公式に求める決議案を提出する。「サンフランシスコ市における慰安婦の碑または像の設置と女性と少女の人身取引をやめるようコミュニティに教育させることを支持する決議」というタイトルだ。像の建設の目的として、「計り知れない苦痛と屈辱を被った少女と女性を記念し」「将来の世代のための記憶、内省、反省、贖罪のため」とあり、サンフランシスコ市議会に対して、「公共的な記念碑の設置に強い支持を表明すること」（資料①）と求めている。

この決議案に立ちはだかったのが、安倍政権や橋下大阪市長、そして在外の右派勢力だった。第3章で詳述するが、在サンフランシスコ日本総領事館が「慰安婦」問題に関して日本の右派が主張する「『慰安婦』問題はねつ造だ」「売春婦だ」といったデマを日系アメリカ人に流し、日系人団体への日系企業からの援助引きあげなどをちらつかせて、この決議に反対するように動いた。

そして、橋下大阪市長は姉妹都市関係を持つ市長として、8月27日にサンフランシスコ市議会に長文の書簡を送った。論点は「女性の尊厳と人権の擁護には取り組む姿勢は同じとしながらも、日本だけじゃないのになぜ日本だけが非難されるのか？　強制連行はなかった。20万という数字はおかしい」といった、安倍政権や右派が言い続けてきたことのオウム返しにすぎない（資料②）。これは15年の自分の発言がサンフランシスコ市議会で非難決議されたことの意趣返しと言える。

9月18日にはリー市長にも、同様の内容の書簡を送っている。さらに、書簡だけではなく、姉妹都市関係者として毎年大阪を訪れている日系人の有力者を通じて、決議を阻止するために暗躍していた。

一方、「なでしこアクション」などの右派団体は現地の在米日本人に抗議するよう働きかけた。グレンデール市で活動していたGAHTは、サンフランシスコ市議や在米の学者らに右派が書いた歴史修正本を送りつけていった。呉善花氏の『なぜ「反日韓国に未来はない」のか』（たちばな出版、2015）の書籍英訳版や、『History Wars「歴史戦」英日対訳版』（産経新聞、2015）などの本だ。根拠や真実性のない韓国批判が繰り返され、「慰安婦」問題を研究し、被害者や関係者たちの声を聴きとってきた人々の取り組みにつばをはきかけるような内容だ。

しかも驚くべきことに、これらの本を送り付けてきた人たちの中には、右派勢力だけでなく猪口邦子参議院議員など自民党国会議員もいる。猪口氏によると、これらの活動は自民党に対外発信チームというのがあり、そのチームの一員として出したものということだ。自民党とGAHTが強く結びついていることを示している。GAHTが派手な活動をすることができるのも、そのおかげと言えるだろう。しかし、こういったやり方は功を奏するどころか、多くのアメリカの研究者からは批判的な目で見られているようだ。ここでは詳述を避けるが、アメリカにおける右派や政府の動きに関しては、山口智美氏の「官民一体の『歴史戦』のゆくえ」（『海を渡る「慰安婦」問題』所収、岩波書店、2016）をお読みいただきたい。

「恥を知れ！」

15年9月17日に開かれたサンフランシスコ市の公聴会はとんでもない展開になった。ロサンゼルスからGAHTの目良代表らが「少女像」建設に反対し、「『慰安婦』問題はねつ造だ、売春婦だ」と主張するために乗り込んできたからだ。

韓国からも自身の体験を語るためにイ・ヨンスハルモニが訪れていた。彼女を前にして目良氏は「この人の証言は信頼できない」と言ったのだ。そのシーンの動画を見た時私の中に、かつてキム・ハクスンハルモニの証言を使って授業をしたときに私自身が受けた攻撃が蘇った。私の勤務先を訪れた在特会のメンバーが私の授業プリントのキム・ハクスンハルモニの証言を指さして、「このウソつきババア」と言ったことだ。私は、その場に居合わせなかったが、あとで在特会が流した動画を見て、震えるほど悔しく、怒りが沸き起こったのを今でも覚えている。

しかし、サンフランシスコ市議会では、すかさず反撃があった。デイヴィッド・カンポス市議が目良氏の言葉に激しく「恥を知れ!」と、4回も繰り返し反撃したのだ。その動画は今も見ることができる。しかも、彼はその言葉の後に、こう付け加えることも忘れなかった。「このような発言のうしろに日本政府がついているのでなければいいが」と。

この公聴会こそが、決議案の行方を決定的にした。もしこの決議案に反対したらイ・ヨンスハルモニを侮辱した歴史を否定する人たちと同じとみなされかねないからだ。決議案は全会一致で採択された。この決議の後にも橋下市長は、リー市長に書簡を出したが、リー市長からの返事はなかった。この書簡を出した数日後、橋下市長は市長職を辞任した。そして橋下市長の遺恨を受け継いだのが、新しく大阪市長になった吉村洋文氏だった。

サンフランシスコ市に「少女像」を作る中心となった「慰安婦正義連盟」(以下、正義連盟)の人々はこの時の話になるととてもエキサイティングになる。腹に据えかねていたこともあるだろうが、この右派の動きによって議会が一つになったからだ。正義連盟が作成したリーフレットにもその時の写真が掲載されている。そのキャプションには、「カンポスが『恥を知れ』と歴史否定者をやっつけた」とある。

日本政府関係者、橋下市長、GAHTの目良氏など、本当に、恥ずかしい人たちだと思わざるを得ない。なぜなら、彼らがやっていることが逆に、日本という国を貶めていることになっているからだ。

Supervisor Campos blasts “Shame on you!” to the history deniers. Sept. 17, 2015

「恥を知れ」というカンポス氏（「BUILDING THE “COMFORT WOMEN” STATUE IN SAN FRANCISCO」より）

第2章　サンフランシスコ市に「少女像」が

像をめぐる吉村市長とリー市長の違い

像の建設が決まってから正義連盟は忙しかった。まずは資金調達から始めなければならない。「これはすべて市民からの寄付によるもの。最初からどの政府からも資金は受け取らないと決めていた。黒幕は中国、韓国政府なんて言うのは大嘘だ」と代表を務める元判事のジュリー・タンたちは語気を強める。像を建設するプランニングは複雑だった。像の建設の実行委員会が立ち上がり、そこがデザインを選ぶことになった。プロジェクト・ディレクターも雇い、公正な審査の結果、スミソニアン美術館にも展示される作品を持つ著名な彫刻家スティーヴン・ホワイト氏の作品に決まった。土地の取得や碑の設置に関しての公園局への許可申請をし、碑文の内容も芸術委員会などの議論を経て決定される。これらをすべて通過しなければならなかった。

ところが、この動きを知った大阪市長がすかさず絡んできた。橋下市長から2015年に引き継いだ同じ維新の会の吉村洋文市長だ。吉村市長は2017年2月1日、リー市長あてに最初の書簡を送っている（**資料③**）。その内容は日韓合意（15年12月28日）を根拠に、サンフランシスコ市の態度を「合意の精神を傷つける」「大変遺憾」と表現、「歴史の直視ではなく日本批判」「公共の公園に設置されれば、両市の交流、日米関係に悪影響」というものだ。橋下市長より書簡の内容は厳しい

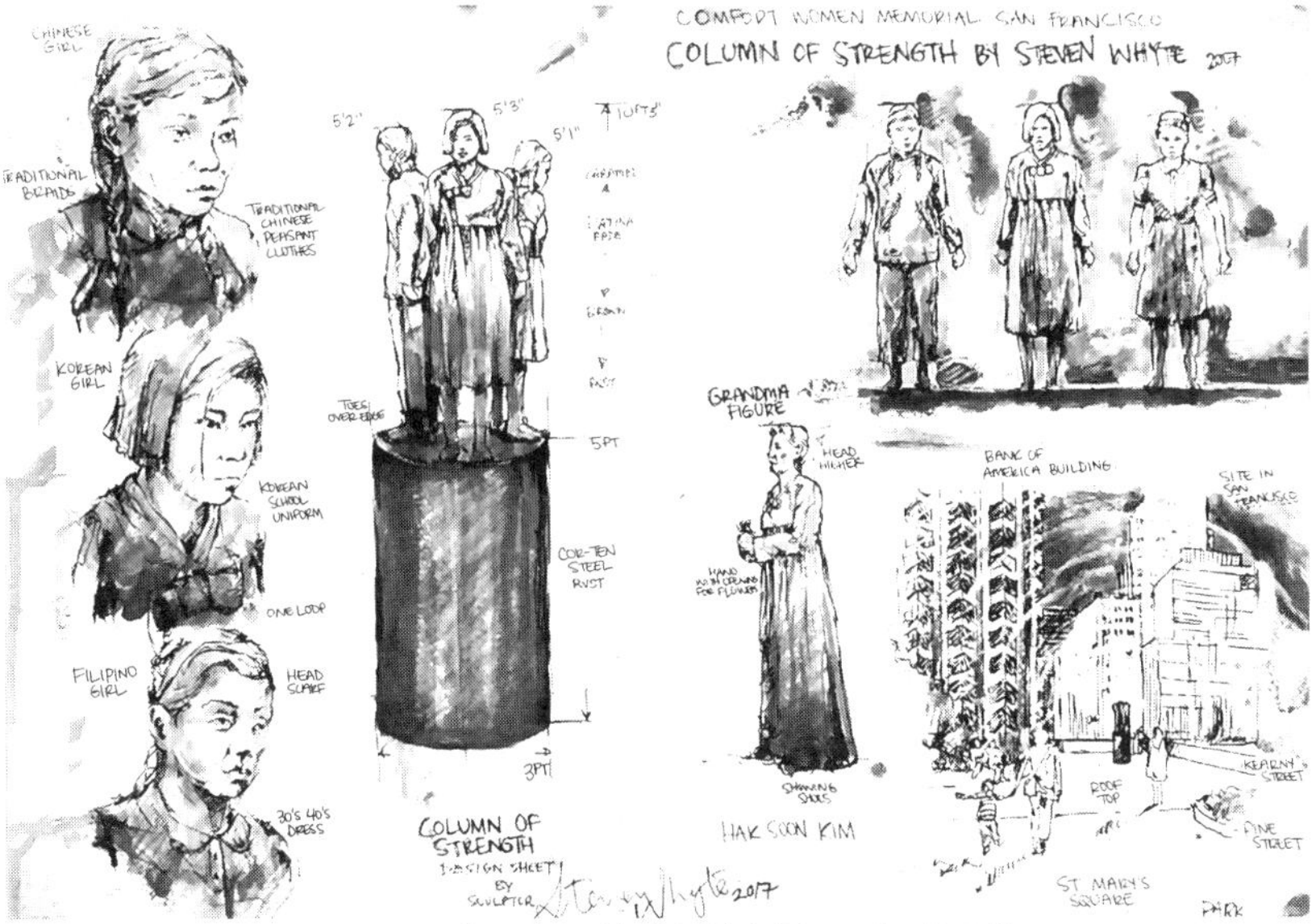

スティーブン・ホワイト氏の「少女像」コンセプトの絵

ものになり、まるで安倍政権を代弁しているかのような中身だ。彼はそれまで、橋下市長のように歴史認識を表に出して発言する人物ではなかっただけに、意外な感じがした。しかし多くの人は橋下市長の動きを踏襲するしかないのが吉村市長だとわかっていた。

この書簡に対してリー市長が返信を送ってきたのは2月3日だ（資料④）。リー市長はここで「サンフランシスコ市には、歴史上の最も暗い過去を後世に伝えるため、また、平和や和解を呼びかけるための公及び民間の記念碑が数多くある」から、日本に対してだけこういった「像」をつくっているのではないと明言している。その上で、「正義連盟の意図は善意であり、大阪とサンフランシスコ市の関係を混乱させたいわけではない」「（碑の）文言が事実に基づいており、記念碑の真の目的を伝えている」「その目的とは、彼女たちに敬意を払い、世界中のあらゆる国に影響を及ぼしているやむことのない人身取引の問題について一般の人々を啓発することである」と書き、「市民に選ばれた市長として、私はコミュニティに応じる責務がある。たとえ批判に直面する可能性があるとしても」と結んでいる。

歴史の真実を確かめようともせず、政府の主張や橋下市長のメンツだけにこだわり続けている吉村市長の書簡とは対照的な内容だ。3月に吉村市長は返信しているが、その内容は前回の書簡を繰り返したもので、新たな主張はなく、その後リー市長からの返信はなかった。

吉村市長が姉妹都市解消?!

2017年9月22日、サンフランシスコ市の中華街にあるセントメリー公園で「少女像」の除幕式が行なわれた。大勢の人々が喜び合っている様子が、正義連盟のフェイスブックの投稿からもわかる。

この像はこれまでの韓国などにある「少女像」とは違う。朝鮮半島、中国、フィリピンの3人の少女が手をつなぎ、それを最初に元「慰安婦」として名乗り出たキム・ハクスンハルモニが見守るというデザインだ。しかし、この除幕式以後も「少女像」をめぐる吉村市長からリー市長への執拗な書簡が送りつけられていく。

除幕式の時点では「少女像」が建てられている場所は私有地だったが、10月17日に土地が市に寄贈され、11月14日には市議会で、市による像と碑文の寄贈の受け入れ決議案が全会一致で可決した。

さっそく吉村市長は、この動きに対応するかのように書簡を送っている（資料⑤）。文面はほとんど前に送ったものと変わらないが、ここで看過できないのが「大変残念ではあるが姉妹都市関係を根本から見直さざるを得ない」という文言が入っていることだ。自らの歴史観と異なるからと言って、60年間続けてきた姉妹都市をこの1件のみによって解消するという吉村市長。彼の判断のよりどころは何なのだろうか。

これに対してリー市長が10月2日に返信してきた（資料⑥）。「姉妹都市という概念は、…政府の干渉を排除したうえで、多様な文化と市民をひとつにまとめることを目的として提唱されたものである。我々の60年にも亘る関係は、たとえ歴史や文化、言語が異なっているとしても、ともに力を合わせることで、人間愛が我々に共通する中核的な価値観であること、我々がともに平和に生きていけることを示してきた」とリー市長は述べている。これは姉妹都市関係がもたらす大きな意義を認識している彼の正直な言葉だろう。続けて「姉妹都市関係が終了すれば、これまで自らの時間や資源、情熱を注ぎ、友好の懸け橋を築こうとしてきた両市の多くの住民を直接的に傷つけることになってしまうであろう」と記し「より深い理解と相互の尊敬の念を持って、姉妹都市関係の61年目を迎えることができるよう、心から望んでいる」と吉村市長に呼び掛けた。

吉村市長とリー市長の書簡は読み比べてみると、彼らの歴史や社会認識の違い、平和を構築するということの考え方に大きな隔たりを感じる。その後も、吉村市長はカリフォルニア州での山火事被害へのお見舞いにかこつけて書簡を送っている。そこでも、「少女像」が公有地に移管されることに関わって、姉妹都市関係の解消をちらつかせているのだが、これが山火事で甚大な被害を出した姉妹都市の市長に言うことなのかとあきれ果てる。そして、11月15日にも続けざまに書簡を送った。これはリー市長への面談を申し込んだところ断られた腹いせもあるのか、「今こそリー市長の拒否権行使という思慮深い英断を強く望むものである」と語調を強めたものだ。このように吉村市長の書簡は、姉妹都市解消を盾に脅しともとれる内容であり、大阪市民の一人として、リー市長やサンフランシスコ市民に対して恥ずかしく情けない思いがこみ上げる。

しかし、サンフランシスコ市の「少女像」に対するこのような対応は大阪市だけではなく、日本政府も同様の対応をしているのだ。11月15日の記者会見で菅官房長官は、サンフランシスコ市などをはじめとするアメリカでの「慰安婦」碑や像の設置は「わが国政府の立場とは相容れない。阻止のための取り組みを続けていく」と表明した。また安倍首相も11月21日の衆議院本会議で「サンフランシスコ市長に対して、24日までに拒否権を行使するよう申し入れを行いました」との国会答弁をしている。また12月12日、大阪市は政府に、大阪市と同じように申し入れてほしいという意見書も出している。まさに安倍政権と大阪維新の会が「慰安婦」問題に関してタッグを組んでいるのだ。

しかし11月22日、吉村市長からの執拗な要請にもかかわらず、リー市長は「少女像」を公有化する決議案に署名した。サンフランシスコ市はアメリカの大都市としては「少女像」を公有地に設置した初の自治体になったのだ。これを受け11月23日、吉村市長は「リー市長の行動により姉妹都市の信頼関係は消滅した。姉妹都市解消に向けた内部手続きを行い、12月中には手続きを完了させたい」として、60年にわたる両市の姉妹都市関係を解消する方針を表明した。ところが、12月12日にリー市長が急逝するという事態になったため、サンフランシスコ市への通達は18年6月に新市長が選ばれてからとなった。

大阪市とサンフランシスコ市は「似た規模の港街」として1957年に姉妹都市提携を結び、17年10月には60周年を迎えていた。お互いに初めての姉妹都市だった。そういう意味では数ある姉妹都市の中でも最も友好関係を育んできた街だ。

私は悔しかった。「慰安婦」問題に関する吉村市長の間違った歴史認識についてもだが、なにより も市民同士が60年にわたって温め続けてきた関係を、一人の市長の独断で断ってしまうことに。同じ思いを抱いた人々は多い。「はじめに」でも書いたように、抗議の声を上げようと多くの人が市役所に行き、抗議文を渡し、夜には市役所前でキャンドルデモを行った（資料⑦）。

「少女像」の建設活動はサンフランシスコ市でも当初それほど知られてはいなかった。ところが、サンフランシスコ市やアメリカの他の都市の人たちにもこのニュースは広がった。テレビのニュース、「ニューヨーカーマガジン」、「ニューヨーク・タイムス」も大きく取り上げたからだ。報道の仕方は、姉妹都市解消をしようとしている吉村大阪市長に対して批判的なものだった。

アメリカをはじめとする世界各国で広がっている「少女像」の設置に対して、政府や大阪市のような自治体が妨害しようとすればするほど、日本は自国の戦争犯罪を認めず、女性の人権を尊重しない国だというイメージが増幅している。吉村市長を恥知らずだと思っていたが、外国に来て自分の街の市長が実際にそう言われてるのを聞くと、なんとも情けなくやるせない思いになった。

この原稿を書いている間も、アメリカ国務省が17年版の「国別人権報告書」の中で、日本について「職場でセクハラが依然として横行している」と指摘しているというニュースが入ってきた。また、テレビ朝日の記者がセクハラを受けたことを勇気をもって告発したにもかかわらず、その被害者をバッシングしたり揶揄したり犯罪者扱いしていることなどは、安倍政権や橋下市長、吉村市長らが戦争における「慰安婦」という性暴力に対して向き合わず、「強制連行ではない」「性奴隷ではない」などと責任逃れをしていることと深く繋がっているのだ。

〈サンフランシスコ市の「少女像」をめぐる経過〉

2010年10月	パリセイズ・パーク市に米国内で初めての「慰安婦」像が建立
2012年11月4日	スターレッジャー紙に櫻井よし子氏らが「Yes, we remember the facts.」の広告掲載
12月26日	第二次安倍政権が発足
2013年5月13日	橋下大阪市長が「慰安婦制度は必要なのはこれは誰だってわかる」などの暴言
5月22日	サンフランシスコ市が橋下大阪市長の訪問を拒否
6月11日	橋下大阪市長、サンフランシスコ市訪問中止へ
6月18日	サンフランシスコ市が橋下市長に発言の撤回と被害者への謝罪を求めることなどを盛り込んだ決議案を11名の市議たちが全会一致で採択
7月30日	グレンデール市の市立公園に「平和の少女像」が建立
8月13日	橋下大阪市長、事実上のリー市長への絶縁を宣言。ここから、サンフランシスコ市と大阪市の確執が始まる
2014年2月	「歴史の真実を求める世界連合会」(目良浩一氏)が結成
8月	「朝日新聞」が「慰安婦」報道の検証記事掲載
10月	グレンデール市の像の撤去を求めて訴訟へ。後に敗訴
2015年7月	サンフランシスコ市議会議員のエリック・マーが「サンフランシスコ市における慰安婦の碑または像の設置と女性と少女の人身取引をやめるようコミュニティに教育させることを支持する決議」を提案
8月27日	橋下大阪市長が姉妹都市関係を持つ市長としてサンフランシスコ市議会に長文の書簡を送る
9月18日	橋下大阪市長はリー市長にも同様の内容の書簡を送る
9月17日	サンフランシスコ市の公聴会に「歴史の真実を求める世界連合会」らが「『慰安婦』像に反対、『慰安婦』問題はねつ造だ、売春婦だ」と主張するために乗り込んで来る
9月22日	サンフランシスコ市議会が決議案を全会一致で採択
2017年2月1日	吉村大阪市長、リー市長あてに最初の書簡を送る
2月3日	リー市長が返信を吉村大阪市長に送る
9月22日	サンフランシスコの「少女像」が市民の手で完成
9月19日	吉村大阪市長、リー市長に「大変残念ではあるが姉妹都市関係を根本から見直さざるを得ない」という文言が入った書簡を送る
10月2日	リー市長、「より深い理解と相互の尊敬の念を持って、姉妹都市関係の61年目を迎えることができるよう、心から望んでいる」と吉村市長に呼び掛ける書簡を送る
10月17日	サンフランシスコの「少女像」建立の土地が市に寄贈される
11月14日	サンフランシスコ市議会で市による像と碑文の寄贈の受け入れ決議案が全会一致で可決
11月15日	菅官房長官が「『慰安婦』像設置阻止のための取り組みを続けていく」と表明
11月21日	安倍首相が衆議院本会議で「サンフランシスコ市長に対して、24日までに拒否権を行使するよう申し入れを行いました」と国会答弁
11月22日	「慰安婦」像をサンフランシスコ市に寄贈
11月23日	吉村市長が「リー市長の行動により姉妹都市の信頼関係は消滅した。姉妹都市解消に向けた内部手続きを行い、12月中には手続きを完了させたい」と発表
12月7日	吉村大阪市長の姉妹都市解消方針に大阪の市民団体が抗議
12月12日	リー市長が急逝
2018年6月	サンフランシスコ市に新市長が誕生へ

第3章　多様性の街・サンフランシスコ

大阪通み〜つけた！

10時間のフライト。飛行機のエコノミー席は夜行バスの座席よりつらい。サンフランシスコ市に行くという興奮と窮屈さでなかなか寝付けずに、映画を立て続けに見た。出発したのが3月26日午後5時なのにサンフランシスコ市到着は同じ日の朝11時。なんだか得したような気分になったのもつかの間、空港の入国審査で1時間半以上も待たされた挙句、解放された。右も左もわからない旅行者としては空港からタクシーに乗るしかない。愛想のよい初老のドライバーがタクシー乗り場で待っていた。いざ乗ってみるとメーターが壊れているという。「55ドルで行きましょう」と言われてもそれが高いのか安いのかさえ分からず、出発。アメリカの車の道幅の広いこと、映画の中でしか見たことのない街の様子にキョロキョロしている間にホテルに到着。ところが、ホテルだというのに1階が何やら工事中。どこから入ったものかとウロウロしている私たちをほっとけないと思ったのか、タクシーの運転手がホテルに無事入れるように面倒を見てくれた。やけに面倒見のいい運転手だと思ったが、帰りに空港まで乗ったタクシーは40ドルぐらいだったので、考えてみればこの運転手にぼられたわけだ。運転手としては多めにもらったタクシー代への後ろめたさからか親切にしてくれたということかもしれない。まあ、いろいろとホテルに入るために面倒を見てもらったので良しとしよう。

しかし、安さで見つけたホテル。「ここ、ほんまにホテル？」という入り口。入ってみるとフロントに若いお姉さんがいる。１階はリノベーション中、まだ部屋には入れないということで、リノベーション中のフロアーに荷物を置いて行動開始だ。

街を歩いてみるとなんだか日本とは色彩が違う。もちろん、建物の色も違うのだが、なんといっても空が青い。「これがカリフォルニアの空なのか」とようやくサンフランシスコに来た実感がわいてきた。まずは、渇いた喉を潤そうと近くのカフェへ。ジュース１杯がなかなか高い。しかも、どれだけ砂糖を入れてるんだと思うくらい甘い！　街を歩いてる人たちの体格のよさを見て、これだけ糖分を取ればさもありなんとうなづいた。

さて、目指すはジャパンタウン。人に聞きながら20分ほど歩いていくと、なにやら鳥居のような雰囲気の赤いゲート。遠景にはコンクリートで作ったような五重塔らしきものも見える。「そうか、アメリカ人がイメージする日本ってこういうのなんやー」と実感。ちらほらと桜も咲いている。すると、あった！「大阪通」の標識が。姉妹都市なんて言われてもピンとこなかったが、街の雰囲気も大阪的な感じだ。

大阪通の標識

姉妹都市はアイゼンハワー大統領が、国境を越えた市民間の交流を行い相互理解を進め、世界平和に寄与しようと「市民と市民プログラム」を提唱したことによって進められた。大阪市とサンフランシスコ市はお互いに「姉妹都市」第１号という関係だ。50周年、55周年、60周年など節目

ジャパンタウンには「日本町」の看板も

ピースプラザと平和の塔

の年に相互訪問をすすめてきたが、07年に大阪・サンフランシスコ姉妹都市提携50周年の交流事業の一つとしてジャパンタウンのブキャナンモールが「大阪通」“Osaka Way”と命名された。当時の市長は關淳一市長。このときは、關市長をはじめ市議会議員も訪れて盛大な式典が行われたようだ。民間では「咸臨丸子孫の会」なども交流している。

この一角から道路を越えるとピースプラザ。その命名の理由は、公園にそびえる五重塔を模したような「平和の塔」。大阪の仏教関係者が贈ったパゴダ（塔）だ。プラザの塀には漢字で「平和」と書かれていた。この一角を歩いてみると「大阪屋」「勉強堂」「桑港金物」といったネーミングの土産物を扱う店や飲食店、大きなショッピングモールの中にはダイソーなども入り、「ホテルカブキ」といったいかにもという名前のホテルも入っている。飲食店では「なんちゃって和食」だが、麺類、すし、鉄板焼きの店やたこ焼き屋などもあって、ジャパンタウンというよりもオオサカタウンと言ってもいいような気がした。紀伊国屋書店をみつけた。かなり大きなフロアーだ。どんな本をそろえているのか見ていると、日本と変わらぬ嫌韓本や歴史修正主義者の本などもあり、こういった本がアメリカに住む日本人ビジネスマンに読まれているかと思うと暗澹たる気持ちになった。

サンフランシスコ市の一角に「ピース」という名前が付けられた場所があることに、心和んだ。日本から移民してきた人々の歴史を残すモニュメントもあった。移民してきたばかりの日本人、街に根付いて盆踊りを楽しむ人々、収容所に送られる悲劇もそれぞれ彫られていた。移民としての日系人の歴史を残そう、決して収容所時代のような悲惨な歴史を繰り返すまいという思いが込められているように感じた。

ホームレスを受容する街

翌日、サンフランシスコに住む友人がホテルに迎えに来てくれた。街の人たちの暮らしを見てみたかった。向かう先は市庁舎や図書館、オペラハウス、アジア美術館などが集まるシビック・センター。市庁舎の前には大きなリンカーンの銅像が建っている。その向かいにある図書館前の広場で催しが準備されている。ホームレスのためのサポートグループ「ホームレス・プロジェクト・コネクト」の人たちが健康相談や衣服、散髪、食料などを提供していた。大阪で言えば中之島公園のような場所。どうしてこんな場所で?と思ったが、市庁舎のすぐそばがホームレスたちの生活の場所になっているためだ。しかしいくら、ホームレスの生活の場に近いと言っても、大阪ならこんな場所で炊き出しをやるだろうか。そのあたりから根本的にホームレスに対する見方が違うのかもしれない。しかもこう

ホームレスのサポートグループ「ホームレス・プロジェクト・コネクト」の車と図書館前でのサポート活動

いったサポートが特別にその日だけ行われているのではなく、定期的にボランティアによって行われているのだ。みんなおそろいのジャンパーを着てホームレスをサポートしていた。ジャンパーを見ないとサポートメンバーか、ホームレスか見分けがつかない。それほど、ホームレスが堂々としているのだ。人から施しを受けて申しわけないとか、肩身が狭いといった雰囲気がなく、とても明るい感じだ。大阪などで見るホームレスのイメージとずいぶん違う。

その広場の一角にごみシューターが設置されていた。鉄の蓋があり、いったん入れると取り出せない形になっている。「注射針専用」と書いてある。一瞬、「注射針？　なんで？」と思ったが、すぐに気づいた。そう！麻薬などの薬物を注射した時、せめて針はここに捨てようということだ。これも衝撃だった。

アメリカ全土ではホームレス人口そのものは緩やかな減少傾向にあるが、大都市圏では増加している。ニューヨーク市が最も多く、次がロサンゼルス市、サンフランシスコ市と続く。街を歩くとホームレスにしょっちゅう出くわす。シビック・センターの裏通りはアンモニア臭が漂い、夜になると薬を打つ人もいる。女性のホームレスもいる。子どもを連れた家族のホームレスもいるし、カップルと思えるホームレスも。白人も少数ながらいるが、アフリカ系のホームレスが圧倒的に多い。
サンフランシスコ市きっての繁華街ユニオン・スクエアは一流ホテル、ショッピングセンター、ビジネス街などが融合した地域だが、ここにも半端じゃない数のホームレスが歩いている。セレブたちが利用するヒルトンホテルのすぐそばにホームレスがシェルターのように集う教会がある。アメリカでもっとも物価の高いサンフランシスコ市で1泊5万円はするようなホテルに泊まる人と、ホームレスが道を一つ隔てて路上を行き来している光景は皮肉だ。

これだけホームレスが多い理由の一つは急騰する家賃だ。シリコンバレーで働く高収入のIT企業のビジネスマンが不便なシリコンバレーを嫌って、便利なサンフランシスコ市に引っ越してきた結果、家賃がうなぎ昇りに釣り上がっていった。そして、もともと市内で賃貸を利用していた人々が家賃を払えなくなりホームレス化していくという構図だ。初任給でも年収10万ドルというシリコンバレーの労働者たちの多くがサンフランシスコ市に居住し始め、それまで比較的貧困層が住む中下層地域の地価や家賃が高騰したために、そこで暮らしていた人々が住まいを追われているのだ。ワンルームでベッドとシャワーとトイレだけの4畳半程度のアパートで日本円にして20万円を下らない。もう少し小ぎれいで、キッチンも広めとなると30万円というのがサンフランシスコの家賃の相場だ。いったい誰がそんな高い家に住めるというのだろう。私の友人も、昔

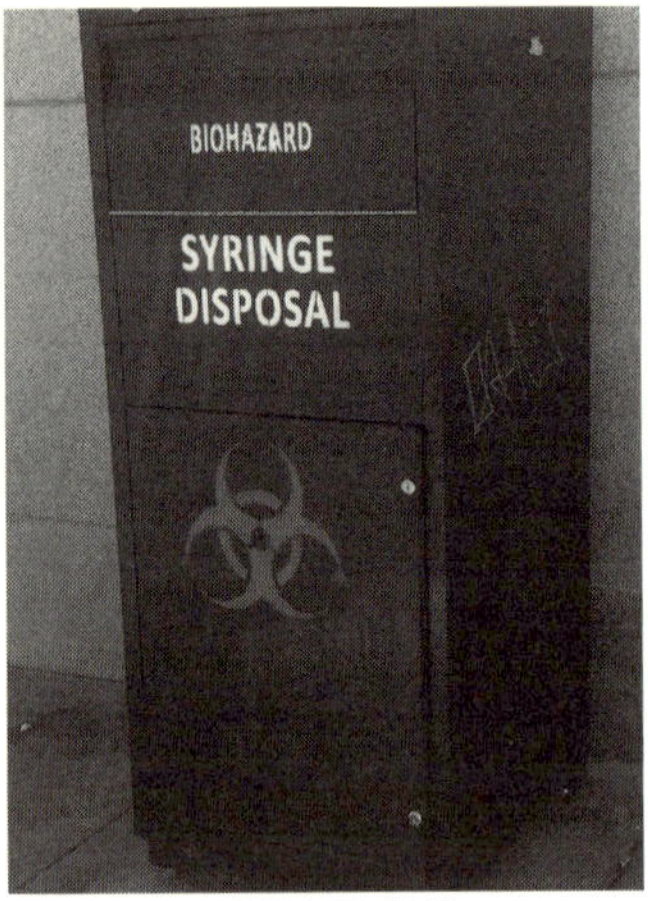

注射針専用ゴミ箱

で言えば居候で、家族が暮らす家で使わなくなった一部屋を間借りしている。それで12万円もするのだ。

もちろんサンフランシスコ市もホームレスのために多額の予算をつけ、市の部局や多くのNPOなどがこの問題に取り組み、シェルター、食事、職業訓練などで支援している。私もあまりの物価の高さに買い物をするのが嫌になったほどだ。朝食にコーヒーとベーグルサンドを注文して12ドル。ロサンゼルス市では6ドル程度なのに、この高さの理由は何なのか、店の人に聞いてみた。すると家賃が高すぎて、それに見合うようにするには高い値段をつけないと儲けにならないとのこと。サンフランシスコ市は穏やかでいい街だが、長期間住めそうにはない感じがした。

しかし、不思議とサンフランシスコ市の人々を見ていて、ホームレスに対して排他的な感じはしない。「明日は我が身」ということもあるのかもしれない。なにしろ、あまりに高い家賃。これが払えなければ、誰しもが家を失うことになるのだ。ある日、道端で心細そうにしている20代くらいの白人カップルのホームレスがいた。身なりはあまり汚くはない。もしかしたら、ホームレスになって間もないのかもしれない。私たちが泊まっていたブッシュ通りの街角では、捨てられてあったソファをベッドにして眠っているホームレスや、朝方になって寝袋から出てテントをたたんでいるホームレスもいた。しかし、ホームレスは優しい。犯罪を起こして物を盗んだりすることができるなら、ホームレスにならなかっただろう。道に迷っていれば「どうした?」と声をかけてくる。パウエル駅でバート（サンフランシスコ市のベイエリアの鉄道）の切符の買い方がわからない時は教えてくれた。これがサンフランシスコ市の今なのだ。

貧困の実態が誰の目にも見える街がサンフランシスコ市だ。ホームレスの存在が街の風景になっている。彼らが逃げたり隠れたりしなくてもいいからだ。なんとなく堂々としていて、彼らの前にお金を置いていく人がいても、決して卑屈にならずに堂々と受け取っている。サンフランシスコ市はホームレスの存在が可視化される社会だ。だから、市民た

ちはホームレスの存在から、自分たちの街を考え、できることをボランティアとしてやっている人も多い。私の友人もその一人だ。

一方、ホームレスが表に現れず、まるで姿を見せてはいけないかのように暮らす街ではホームレスの存在は市民には見えない。ホームレスが不可視化される社会は、その存在そのものがわからず、なぜ彼らがそこに至ったのか市民が考えることができない。そういった社会では、ホームレスは自己責任の結果としてだけとらえられ、社会全体で解決しなければならない問題としては遠ざけられ、社会からの排除が起きてくる。その例が大阪市だ。

大阪市では、公園や人々が集まるような場所に行くと、ベンチに仕切りがしてある。陸橋の下には鉄網が張られている。緑地帯や高速道路や鉄道下の空き地にも鉄柵が設けられている。ホームレスがそこで寝たり、住処にしないようにという目的からだ。大阪市のホームレスがたくさん集まっていた天王寺公園は2016年から夜間封鎖が行われるようになった。あべのハルカスのオープンなど再開発の進む地区で、公園の管理を強化し、ホームレスを排除するためだ。ホームレスは天王寺公園を追い出されたら、別の場所を探すしかない。

しかし、ホームレスをいくら排除しても問題は解決しない。ただ、市民の目から見えなくなるだけだ。ホームレスは大阪市では社会の中で排除される存在とみなされている。そして、そのもっとも特徴的な現象が、中高生や若者がホームレスを襲撃するという事件だ。特に夏休みなどに多発している。サンフランシスコ市でも、ホームレスを襲撃するという事件はあるそうだが、日本のように深刻な社会問題にはなっていない。

両者の違いは何だろうか。そこには行政の姿勢が大きく関係していると思われる。市役所が多額の予算を付けNPOが積極的にシェルター、医療、職業訓練、食料や衣服の世話をするサンフランシスコ市。あらゆる公的な場所からホームレスたちを締め出し、影の存在へと追いやり、救済の施策も乏しい大阪市。どちらが人間らしい生活ができる社会を保障する自治体だろうか。

ホームレスも大学へ

サンフランシスコ市でもう一つ驚いたのは、市民なら市立大学で無料で授業を受けることができることだ。それは17年に市議会で決定され、市内在住の市民に限り、17年の秋以降少なくとも2年間は市立大学の学費を免除することになった。アメリカでは教育費が高騰し続け、学生ローンの金額も1・3兆ドルを突破した（2017年現在）。アメリカの国内で初となるこの試みが、住民の経済浮揚策になることを市当局は期待している。「市立大学を無料にすることで、（低所得の）在住者が中間層になれる機会が広がります。中間層の在住者にとっても生活を維持できる機会が広がるでしょう」と同市の担当者は記者会見で述べている。

この授業料は、サンフランシスコ市の不動産に課される税金と500万ドル以上の商業用不動産の税金から捻出されるそうだ。国内で最も高額な住宅市場であるサンフランシスコ市の住宅価格の中央値は、17年1月時点で114万6800ドル（日本円で軽く1億円を超す）。街を歩いて不動産屋をのぞき込んでみると、そんなに大きくもない家のどれもが1億円を超す価格だ。そこに課される税金が学問を必要とする人々に使われることを決定した市議会。アメリカで居住コストが最も高い自治体が学生の経済的負担を減らす取り組みを始めたことに明るい未来を感じる。

この制度を使えば、ホームレスもそこでは学生だ。低所得ゆえに大学にいけないということは、この街ではない。市立大学に学ぶ人たちも実に多様だ。かつて沖縄に住んでいたという海軍を引退したレズビアン、陸軍で働いていたアジア系のトランスジェンダー、白人のゲイ、メキシコからやってきたレズビアンなどなど。この大学には必修の教育科目として「LGBTQ研究」がある。さまざまな専攻の学生がこの授業を取らなければならないのだ。いかにもサンフランシスコ市らしい。

では大阪市はどうだろう。大阪都構想とともに打ち上げた大阪府立大学と大阪市立大学の統廃合。当時の橋下市長は「府大、市大は合わせて莫大なお金を使っていて二重行政で無駄遣いをしている」といった理由をつけて強引に大学統廃合をしようとした。その結果、17年11月大阪府議会で、18年2月大阪市議会で両大学を新設合併する議案が可決され統合が決定した。どちらの大学も校風も違い、成り立ちも違うが、一つの自治体に二つの大学があってはいけない理由はない。統廃合により志望する学生たちが学ぶ機会が奪われる可能性もある。これまでも大阪維新の会によって、「改革」の名目で府・市民から奪われたものは数知れない。国際児童文学館、文楽、大阪市音楽団、子どもの家、赤バス、地下鉄・市バスの敬老パス、地元の公立高校。その上、市民の足である市バスや地下鉄の民営化が行われた。

橋下前大阪市長が府知事だった10年、大阪府と大阪市が「北朝鮮の国家主席の肖像画を教室から(大阪市は職員室からも)撤去する」「朝鮮総連と一線を画す」などの要件を理由に、朝鮮学校への補助金支給を止め、11年には市も補助金を止めた。これは、教育の世界に政治的な理由を持ち込み、マイノリティの教育を受ける権利を侵害するものに他ならない。ところが12年2月、文部科学省までが、朝鮮学校を「高校無償化」の対象から除外する省令を公布・施行したのだ。これは明らかに国際的な人権のルールから逸脱している。

サンフランシスコ市の人口のうち外国生まれの割合は35%余り。大阪市の在留外国人の割合は3・

6%余りで約10倍の差がある。もちろん外国生まれの人と日本に住んでいる外国人を一様に比べることはできないが、社会的弱者やマイノリティーに対して、国籍のあるなしに関わらず学ぶ機会や条件を平等に整えていくことは、人権を物差しに考えれば国際的に当たり前のはずだ。サンフランシスコ市と大阪市、比べてみると両者の違いがはっきりわかる。

図書館は多文化体験の宝庫

ホームレスのサポートをしている広場に面してサンフランシスコ市立図書館が建っている。中に入ってみると、真ん中にらせん階段があり、屋根はガラスの吹き抜けなのでとても明るい。日本の図書館がひたすら書架が林立し、本を読むための机が並んでいるのに対して、ミュージアムのような雰囲気を漂わせている。地下1階から地上6階建てで、2階にはチルドレンセンターがある。入ってみると、「女性の歴史」に関する本が並べられ、子どものうちからジェンダーの問題などに触れられるように工夫されてる。しかも、おもちゃ箱のような感じで、見ているだけでも楽しい。子どもたちは寝転んだりしながら、自分の読みたい本を思いおもいに読んでいた。時には、お母さんたちのグループが小さな子どもたちに読み聞かせするなど、図書館とは思えない自由な催しが山盛りだ。カラフルな絵本を手に取って見ていると、ずっとここにいたい気分になった。

3階にはゲイ・レズビアンセンターがあり、LGBTQの歴史や文化に関する情報にアクセスできるようになっている。また、アフリカン・アメリカンセンターやチャイニーズセンター、目の不自由な人たちのための図書コーナーなどもあって、どれもが「これが図書館か」と思えるほど、興味を惹かれる空間づくりが行われている。

物珍しそうに見ていると、突然「日本からの方ですか」と声をかけられた。外国で聞く日本語は本当にほっとする。「はい、日本からです。ここで働いている方ですか」と聞くと「私は3階のインターナショナルセンターで働いています。日本からきてずいぶんになりま

サンフランシスコ市立図書館

チルドレンセンターでは女性の歴史が特集されていた

日本の歴史修正主義関係の本も多くあった

郵　便　は　が　き

恐れいりますが、
切手を
お貼り願います。

553-0006

大阪市福島区吉野
3-2-35

日本機関紙
出版センター行き

【購読申込書】

＊以下を小社刊行図書のご注文にご利用ください。

[書名]　　　　　　　　　　　　　　　[部数]

[書名]　　　　　　　　　　　　　　　[部数]

[お名前]

[送り先]

[電話]

ご購読、誠にありがとうございました。
ぜひ、ご意見、ご感想をお聞かせください。

＊お寄せ頂いた方の中から毎月抽選で
20人の方に小社の本、どれでも1冊プレゼント！

[お名前]

[ご住所]

[電話]

[E-mail]

①お読みいただいた書名

②ご意見、ご感想をお書きください

(プレゼント希望の書名：　　　　　　　　　　　)

＊お寄せ頂いたご意見、ご感想は小社ホームページなどに紹介させて頂く場合がございます。ご了承ください。

ありがとうございました。

日本機関紙出版センター　でんわ 06-6465-1254　FAX 06-6465-1255

す。あとで声をかけていただければ、館内をご案内します」と言われた。

お言葉に甘えて、さっそくインターナショナルセンターに行ってみた。数十種類の外国語の本が並び、日本語の本も小説から学術書まで並んでいた。しかも、そのフロアーでは定期的にさまざまな国に関するフェアのようなものが行われ、市民団体がそこで展示などを受け持っている。ちょうどこの時は中国の56の民族の服飾などに関する展示が行われていた。案内してくれたその女性は司書としてだけでなく、インターナショナルセンターの催しもコーディネートしたり、さまざまな国に関わる活動をしている団体と交流しながら展示や蔵書の充実を図っているそうだ。

「ここでは、自分の専門性を生かして働いていますので、部署が突然変わるとか、仕事の内容が大きく変わるような転勤はありません」と、自分の仕事について誇らしそうに語った。図書館司書としての専門性を理解して異動なども考えられていることに驚いたが、残念ながら非正規雇用も多いそうだ。

日本関係の書架に行って歴史関係の蔵書を見ると、歴史修正主義関係の本が意外にも多いのに驚いた。仕入れ先はジャパンタウンの紀伊国屋書店だそうで、前日に見た品ぞろえから考えてうなずけたが、公的な図書館の蔵書がこういうものばかりという現実にショックを受けた。

サンフランシスコ市の面積は130平方㌔で人口は約80万人余り。一方、大阪市は223平方㌔で270万人余り。図書館の数はサンフランシスコ市が28で、大阪市は24。数字で比較してもサンフランシスコ市がいかに図書館に力を入れているかがわかる。日本の図書館では本を読むだけだが、無料のWi－Fiもあり、充電できるコンセントも完備。子どもから大人、老人、ホームレスまで利用できる図書館。サンフランシスコ市の多様性を体現していた。

大阪市ではなく大阪府の話だが、中之島にあり府民に親しまれてきた伝統ある大阪府立図書館を売却してしまおうという無謀な計画を12年に松井知事と橋下市長が出した。多くの大阪の人々が「大阪の文化を壊すな」と立ち上がった結果、府立図書館つぶしを阻止したという経緯がある。それ以外にも橋下市長が府知事だった時にたくさんの反対の声を踏みにじって大阪府立国際児童文学館を廃止した。サンフランシスコ市の図書館行政と比べると、大阪市や大阪府の図書館行政はあまりにもお粗末だ。大阪市がサンフランシスコ市に見習うべきことは多い。

講和条約の地で感じた日本の存在の耐えられない軽さ

サンフランシスコ市と言えば、サンフランシスコ講和条約。サンフランシスコ市に行くことを決めた時から行きたかった場所がその舞台となったオペラハウスだ。市庁舎の西側にめざす建物があった。ところが、日本史の中では外すことのできない歴史的な場所なのに、どこを探しても碑文や何の説明板もない。建物の両脇に"War Memorial Opera House"とあるだけだ。

1951年9月8日、この地で講和会議が開かれ、日本からは吉田茂首相を日本側全権代表とする6名の委員が出席、48カ国が署名して日本の主権回復が認められた。これがサンフランシスコ講和条約だ。しかし、日本の交戦国である中国（中華人民共和国、中華民国のいずれも）は招待されず、ソ連も署名せず、インド・ビルマが欠席という問題点の多いもので片面講和と言われた。吉田首相は

サンフランシスコ講和条約が結ばれたオペラハウス（右）と名前の標示（上）

オペラハウスを後にして、同日午後5時、サンフランシスコ市の北西部にあるプレシディオの第6兵団駐屯地で、1人で日米安全保障条約の調印に臨んだ。国民はもちろん国会や全権団のメンバーさえも安保条約の内容は知らされず、あわただしく調印された。秘密裏に結ばなければならなかったという経緯そのものが安保条約の大きな問題点を浮き彫りにしている。

日本は、アメリカの東西冷戦戦略に乗せられる形で講和を結ぶことになった。忘れてはならないのは、この講和条約で、沖縄のアメリカによる軍事占領が認められたことだ。13年4月28日、サンフランシスコ講和条約が発効したこの日を「主権回復の日」として安倍政権は盛大なセレモニーを行ったが、沖縄にとっては屈辱以外の何物でもなかった。サンフランシスコ講和条約を思うとき、沖縄の痛みを忘れることはできない。

日本はこの条約を結ぶにあたって、戦争責任を自ら認識したうえでアジア周辺諸国に対し、心からの謝罪、和解をして信頼を得るという努力をしなかった。なかば棚ぼた式にアメリカに言われるがままにアメリカのお膳立てでの講和だった。そしてこの後、日本は独自の外交ではなく、アメリカ追随の外交をしていくだけの国家になった。それは今に至っても変わっていない。

日本はサンフランシスコ講和条約をはじめ、その後に結ばれる日中共同声明、日韓請求権協定などによって、第二次世界大戦時の国際法違反にかかわる請求権の問題はすべて解決ずみである、という姿勢をとっている。「慰安婦」問題も、この姿勢のもとで今なお解決されない問題となっているのだ。平和のために結ばれたはずのサンフランシスコ講和条約が、逆に戦争責任や戦後補償の足かせになっていることは皮肉だ。

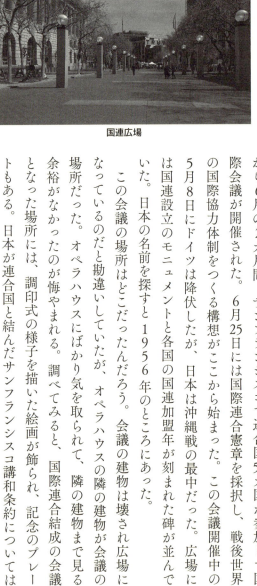

市庁舎の東にはUN（国連）広場がある。まだ第二次世界大戦が終わっていない1945年4月から6月の2カ月間、サンフランシスコで連合国50カ国が参加して国際会議が開催された。6月25日には国際連合憲章を採択し、戦後世界の国際協力体制をつくる構想がここから始まった。この会議開催中の5月8日にドイツは降伏したが、日本は沖縄戦の最中だった。広場には国連設立のモニュメントと各国の国連加盟年が刻まれた碑が並んでいた。日本の名前を探すと1956年のところにあった。

国連広場

この会議の場所はどこだったんだろう。会議の建物は壊され広場になっているのだと勘違いしていたが、オペラハウスの隣の建物が会議の場所だった。オペラハウスにばかり気を取られて、隣の建物まで見る余裕がなかったのが悔やまれる。調べてみると、国際連合結成の会議となった場所には、調印式の様子を描いた絵画が飾られ、記念のプレートもある。日本が連合国と結んだサンフランシスコ講和条約については一片のプレートさえないことと随分違う。アメリカは冷戦戦略の中で、アジアの小国を反共の防波堤とするために国際復帰させたにすぎなかったのだろうか。アメリカにとっての日本の存在は、日本が思う以上に軽いのだろう。サンフランシスコ市で、日本とアメリカが戦ったことについてどんなことを学校で習うのかと正義連盟の人たちに聞いてみると、「パールハーバーとアトミックボンブ」と返ってきた。アメリカ人にとっての第二次世界大戦はあくまでもヨーロッパ戦線だということだったと理解すると、オペラハウスでの講和条約の扱いにもうなずけるような気がした。

レインボーフラッグのシャワー

地下鉄のカストロ駅を降りて改札を出ると目に飛び込んできたのが、ハーヴェイ・ミルクのメモリアルサイト「ハーヴェイ・ミルク・プラザ」だ。カストロと言うと、口をそろえて「ゲイの街」という反応が返ってくる。そのシンボルがハーヴェイ・ミルク（1930年〜78年）なのだ。ミルクのメモリアルサイトを後に階段を上っていくと、壮観な景色が私の眼前に広がった。いきなりレインボーフラッグのシャワーだ。駅の上には大きなフラッグがはためき、街の電柱にも小さなフラッグやLGBTQを象徴する人物や言葉などを入れたフラッグもある。横断歩道にも、レインボーカラーが塗られている。

70年当時、同性愛者は差別され、迫害を受け、犯罪者のようにみなされ、社会から排除されていた。自分自身がありのままにいることが許されない時代だったのだ。自分の存在を呪い、自分を消

サンフランシスコ市庁舎にあるミルクの胸像

シルクの写真が使われたフラッグ

し去りたいと思い、自分を偽って生きるしかなかった時代。ダイバーシティーパレードやレインボーパレードが行われる今では信じられないことだが、わずか半世紀前のことだ。

ハーヴェイ・ミルクはニューヨーク市からサンフランシスコ市カストロに転居しカメラ店を開店。自らゲイであることを公表し77年に市議会議員になった。市の同性愛者権利法案を後援したが、78年に暗殺された。08年、彼の生涯を描いた映画『ミルク』（監督ガス・ヴァン・サント）が上映され、アカデミー賞などに輝いたことから、ミルクの存在はカストロのカリスマというだけでなくＬＧＢＴＱのシンボルとなっている。

ミルクの最後となったスピーチは有名だ。

「希望がなければ…、同性愛者だけでなく、黒人やアジア人や障がい者や老人や、マイノリティに私たちすべてが、希望がなければ諦めるしかない。希望だけでは生きていけないことはわかっているが、希望がなければ生きていることの価値がないんだ。君、君、君たちみんな、彼らに希望を与えなければ！」

しかし、ミルクの死後もゲイやレズビアンたちはまだ市民権を得たとは言えなかった。ＨＩＶの感染によるＡＩＤＳが80年代に大流行し、同性愛者間の性交による感染経路が指摘され、感染者の7割がゲイという発表を受けて、偏見や差別が激しくなっていった。孤独の中で自殺者が出るなどゲイコミュニティーはパニックになる一方、コンドームの使用呼びかけや不特定な性交の注意喚起やボランティアによる支援の増加が徐々に始まった。自らも感染者だったアーティストのキース・ヘリングら著名人の呼びかけによるＡＩＤＳ撲滅運動なども起こっていった。その結果、患者の減少が見え、無関心だったアメリカ政府を動かしてＡＩＤＳの感染防止プロラムや感染者の差別に対する施策が作られ、アメリカ国民全体の関心や知識が向上していった。

93年にはトム・ハンクスとデンゼル・ワシントン主演の映画『フィラデルフィア』が公開され、社会にＡＩＤＳとゲイに関する偏見について大きな一石を投じた。この映画は、ＡＩＤＳに罹ったことで解雇された弁護士アンドリュー（トム・ハンクス）が、その不当解雇に対して弁護士ジョージ（デンゼル・ワシントン）の助けを借りて、たたかっていく物語だ。偏見や差別のなかで人間の尊厳を守るとはどういうことか、

ハーヴェイ・ミルク図書館

ＡＩＤＳに対して偏見を持っていた人間がその偏見とどう向き合い克服していくのか、社会正義とは何かを問う映画で、心が震えた。

04年マサチューセッツ州で初めて同性婚が認められ、今やアメリカの37州が同性婚を認めている。カリフォルニア州では08年に認められたが、その後同性婚を禁止する州憲法ができた。これに対して2組の同性カップルが連邦裁判所に提訴し、連邦最高裁が13年、同性婚を禁止していた法律を無効としたため再度認められた。

アメリカでは今やＬＧＢＴＱは差別、偏見といったものから解き放たれ、社会的に受け入れられるようになってきているが、それでも今なおヘイトクライムが後を絶たない。どんな人々も、あるがままに受け入れられ、あるがままに生きていく、自分らしくいること、誰を愛するか、誰に愛されるか、その決定を自分の意思で行い、誰からも制約されないこと、自分の人生を自分が生きるという当たり前のことを認め合える社会こそが私たちが目指す社会ではないだろうか。

ミルクが営んでいたカメラ店は今、ヒューマン・ライツ・キャンペーンというコミュニティーセンターになっていて、そこに行けばＬＧＢＴＱに関する本やビデオを見ることができ、関連グッズもたくさんある。私もレインボーカラーのリストバンドをお土産に買ってきた。驚いたのはユーレカバレイの市立図書館だ。「ハーヴェイ・ミルク分館」とミルクの名前が付けられている。もちろんそこにもＬＧＢＴＱのコーナーが作られていた。

ピンクトライアングルパーク（右）と説明板（左）

歴史を記憶する街

カストロ駅からにぎやかな街に背を向けて、少し山手の方に向かう交差点の中央に、ナチスに迫害され殺害された同性愛者に捧げられた記念公園があった。ピンクトライアングルパークだ。よほど気を付けないと、ただの緑地帯のようにしか見えない。ここはナチスの収容所に入れられ捕虜にされたゲイを追悼する公園なのだ。

ナチスはゲイを、国家のために戦うことのできない役に立たない存在であり、子どもを作ってドイツの出生率を高めることのできない人とみなした。ナチスでは、劣性民族はアーリア人よりも多くの子どもを作ると考えていたため、ドイツの生殖能力を下げるものはすべてアーリア人の敵とみなされた。不思議なことに女性の同性愛者はそういった迫害の対象とはなっていないし、ドイツ人以外の同性愛者も、迫害の対象にはならなかった。迫害の対象は性科学の研究にも及び、ベルリンにある性科学研究所も襲撃され、多くの書物や研究資料が燃やされた。この研究所の設立者であり、同性愛者を擁護し人間の性の科学的研究を行ったマグヌス・ヒルシュフェルト氏は襲撃は免れたが、二度とドイツには戻ることなく1935年に亡くなった。

ここまで書いて、ふと頭をよぎったのが山本宣治だ。彼も性教育の先駆者で、各地を回って避妊の知識を教え、望まない妊娠を防ごうとした。当時は国策として子どもを産むことを強いる時代で、彼は性の問題から国策に抵抗し、後に国政に打って出て治安維持法に反対して命を落としたのだ。

話を元に戻そう。34年に、ゲシュタポ（秘密国家警察）は同性愛者と思われる人々の名簿を管理するように地元警察に命じ、この名簿を「ピンクリスト」と呼んだ。ゲイを迫害することができるための法律もつくり、彼らへの迫害が始まった。逮捕され強制収容所に送られた人々の胸にはゲイを示すピンク色の三角形の印が付けられた。彼らは忌まわしいものとみなされて手ひどく扱われた。収容所で死亡したゲイの数に関する統計は残っていない。

この公園は、ゲイの迫害の歴史を記憶し、ゲイへの差別に反対する象徴としてゲイコミュニティーの街カストロに建てられた。とても小さい公園だ。社会の中で彼らが人として生きることすら許されなかった存在だったことを象徴しているようだ。柱頭部がピンクに彩られた三角柱が立てられ、ピンクの石が敷き詰められている。季節になるとピンクのバラが埋めつくすそうだ。公園の所有者はサンフランシスコ市で、ユーレカバレイという財団法人が保存をしている。「多くの人にこの公園の存在を知ってもらい、支援に参加してほしい」と財団の代表は言う。ピンクのバラが咲く季節になると、咲くことを許されなかった彼らの命がここに姿を見せるのだろう。

第4章 「少女像」を作った人々

会いたかった人たちに会えた

今回のサンフランシスコ市への旅の最大の目的は、「少女像」の設立に携わった方々と直接会って話すことだ。3月27日、正義連盟の一員でアメリカで人権問題にかかわって活動をしている金美穂が私の泊まるホテルまでわざわざレンタカーを用意して迎えに来てくれた。何度もメールでやり取りをしていたことと、同じアジア系顔立ち、気さくさに、初対面なのにどこかで会ったような感じがした。しかし、この感覚は間違ってなかったことが後でわかるのだが。

車の中でこれまでの取り組みや一緒に活動している人たちについて旧知の仲のように話した。サンフランシスコ市は海にぐるりと囲まれていて、上がったと思えば下り、下ったと思えば上がるといった坂の方向が一定しないおもしろい街だ。しかも坂道の角度も半端じゃない。昔、サンフランシスコ市の坂道で車がジャンプしているCMを見たことがあるが、本当にスキーのジャンプ競技にでも使えそうな坂道だ。歩くとなかなか脚力が鍛えられそうだが、車なら余裕でサンフランシスコ市の街のアップダウンを楽しめる。景色に見とれているうちに今まで見てきた街とは違う高級住宅街に降り立った。マンションの入り口にはドアマンがいて、セキュリティは万全。ちょっと緊張しながら、美穂の後について部屋に入ると、そこはプールが見える広々とした素敵な応接室だった。ジュリー・タンをはじめリリアン・シン、ジュディス・マーキンソン、グレース・シミズといった正義連盟の主だった活動家たちが迎えてくれた。テーブルにはお菓子、チーズが並んでいる。

いきなりワイングラスを渡され、案内されるままに席に座った。ジュリ―が、待ちきれないという感じで口を開いた。

「私は判事を26年間やってきましたが、3年前に辞めました。裁判所に関わる仕事をしていては、自由な発言も難しく運動しにくいので、引退を決めました。『少女像』を建てるという運動の時に、すべて裁判所とは縁を切り、自由に一個人として、いろんな委員会の公聴会でも発言してきました。日本からはるばるありがとう。みなさん、ぜひ自己紹介をお願いします」と促された。

私は昨年出版した『「慰安婦」問題を子どもにどう教えるか』（高文研・2017）をジュリーたちにプレゼントした。ジュリーは日本の教師が「慰安婦」に関わる本を書いたことに驚きを隠せない様子で、私の話を真剣に聞いてくれた。

「中学校の教師です。キム・ハクスンさんを知ってから、20年にわたって『慰安婦』問題を子どもたちに教えてきました。戦争中の性暴力を否定したい勢力が、教育に対してさまざまな圧力をかけてきましたが、そんな動きに抗って教え続けてきました」。ここまで言ったとき、ジュリーたちから歓声と拍手が起こった。彼らにとって、日本で「慰安婦」を学校で教えているということは信じられなかったのだろう。

「大阪市の市長がサンフランシスコ市に『少女像』が建ったことに腹を立て姉妹都市解消を決めました。私は、市長の独断で決めることではないと思っていますし、市長の判断は間違っていると思います。とても強い憤りを感じて、市役所にも抗議に行きました。今回のサンフランシスコ市訪問の一番の目的は『少女像』を建てた方々に実際にお会いすることです。今日はそれが実現して嬉しいです。どのように連帯していけばいいのかを話し合いたいと思っています」と言った。

歴史教育者協議会の仲間として今回の旅に加わった本庄豊さんは「私も教師をしています。今年は明治維新150年ですが、日本では日本という国の偉大さを誇るためのキャンペーンとして利用する動きがあります。でも、それは違うと思っています。植民地の問題などを忘れてはいけません。私も『慰安婦』問題を教えていますが、私立学校の教師です。私立学校と公立学校では厳しさが違います。右派は公立学校教師の平井美津子さんの授業を攻撃してきますが、『慰安婦』の授業を堂々と行う彼女の実践を支えたいと思っています。また、サンフランシスコ市には日本で天皇制と闘い、大逆事件で国家によって殺された幸徳秋水が一時期住んでいたことがあります。そういったことも調べたくて来ました」。すると、「私たちも美津子さんを支えたい」とジュリーたちは声をあげた。同志といえる仲間と巡り合えた瞬間だった。

大阪で活動をしている中村正雄さんは「安倍政権の悪い政治と、大阪で吉村市長の政治を変えようと政治活動をしています。一つの焦点が『慰安婦』問題です。当時右派が広げた『強制はなかった』という議論をくつがえすために、この目で見たいと思って私自身は10年前に『ナヌムの家』に行きました。今回は大阪市がサンフランシスコ市との姉妹都市を解消したいと言いだしたので、これはいかんということで、みなさんに直接お会いして、大阪でもがんばりたいと思ってきました」と挨拶した。ジュリーたちはサンフランシスコ市との姉妹都市はもう解消されたと思っていたらしい。しかし、17

年12月にリー市長が急逝したので、新市長が決まる6月に通告すると説明すると少し安心したようだ。

続いて大阪から国政に打って出ようと活動しているわたなべ結さんは「私は、小さい時から日本がやった戦争の歴史に触れることが多くありました。やっぱり本当に日本がアジア、韓国、中国と心からの友好関係を築くためには、日本の戦争を謝罪し、賠償し、反省し、その中身を子どもたちにもきちっと教えないといけないと思います。たくさんある問題の一つが『慰安婦』問題です。私も大阪市生まれで、橋下前市長が『慰安婦』についての暴言を吐いたのを聞き、『ナヌムの家』に行ってハルモニに会いました。その後、水曜デモにも参加し、日本で真実を伝えながらがんばるとスピーチもしました。ハルモニと約束した問題だと思っています。今回の問題は橋下前市長から続いてきた問題です。吉村市長がこの問題を利用して姉妹都市解消を言い出したことを、大阪市民でおかしいと思っている人はたくさんいます。一市長の判断で友好関係を壊すことはおかしいです。安倍首相はじめ、日本の政治家たちが右翼化していることも心配しています。どういうやり方でサンフランシスコ市で、日本政府や大阪府が日系企業などに圧力をかけ、それに対してサンフランシスコ市民や議会がどのように闘って少女像の設置に至ったのか。それを直に聞いて、今後のパワーに変えたいと思いやって来ました」。日本の若者の力強い言葉にジュリーたちは、握手を求めてきた。

私たち4人の話を通訳してくれたのは美穂だ。とても頭のいい女性でユーモアもあり、ジュリーらをつないでいった人だ。ここで、私は突然2年前のことを思い出した。

「さっき美穂に会った時、どこかで会ってるような気がしたの。やっと思い出した！　ジュディスも美穂も大阪に来たでしょう。ほら、16年の11月に大阪のKCC会館で『サンフランシスコとグランデールの活動家を招いて』という集会に。私もそこに参加してました」と言うと、「私もいたわよ！忘れないで」とグレースが叫びみんな大笑いした。まるで何かに導かれているようなめぐりあわせだ。

ここに集うみんなの思いは、サンフランシスコ市のこと、大阪のことを話したい、聞きたい、ということだ。だから、みんな必死で話したし、熱心に聞いた。私も時間が惜しくてたまらず、どんどん質問していった。

「ジュリーとリリアンのお二人は正義連盟の共同代表。でもこの活動のために判事を辞職されたと聞きました。どうしてそこまでして『少女像』を建てようとしたんですか」

「ハルモニは75年間闘ってきました。私たちはたった2年間です。社会の中でどうやって人権を守るのかが大切。この問題は歴史的に重要なだけでなく、将来のすべての人に関わる問題です。ハルモニたちの勇気あるカミングアウトに応える必要があります。#MeToo運動とも重なる問題です。被害者がカミングアウトすることは大きな勇気が必要です。性暴力の被害を隠すことは社会の発展を阻害します。私たちは性暴力の連鎖を断ちたいのです。『少女像』をつくる運動は社会正義の実現を目指しています。どんな状況でも、二度とこうした被害を許してはならないから」とジュリー。

「この像は日本が憎いと思って作ったのではないのよ。日本の人たちに間違ってとられたくないの。日本政府の責任は追及しなければなりません。でも『反日』のためではありません。この像に集う人々が国境を乗り越えて、平和運動でつながりあいたいと思っているのです。300年たってもこの『少女像』はここに建ち続けるわ。大都市であるサンフランシスコ市でこの運動をすることが社会正義の問題として『慰安婦』問題や性暴力の問題を世界に発信することになるのです」とジュリアン。

「ところで、日本の状況はどんな感じ？　『慰安婦』についてみんな知ってるの？」と逆に質問された。

わたなべさんが「確かに学校で習った記憶は少ないです。私の母も小学校教師で、平井さんと同じ組合で活動していました。幼い時から映画や演劇、朗読など文化的な活動を通じて、歴史を知る機会を母が作ってくれました」と言うと、ジュディスが「私の子どももみたいなものね。あなたの年代ではどのぐらいの人が歴史を認識しているの？」と突っ込む。日本人の中にインターネットのフェイクニュースなどによって右派の主張が広まっていることや、書店では「ヘイト本」が多く売られていること、ジャパンタウンの紀伊国屋書店や図書館の日本関連の書籍の話をすると、みな一様に顔を曇らせた。

彼女たちは、日本の教育状況についてそれほど詳しくは知らない様子だったので、97年にすべての教科書に「慰安婦」が記述されたこと、右派勢力の攻撃で中学校教科書で「慰安婦」を載せているのは1冊だけになっていること、その1冊を使っている学校にも右派が攻撃していること、その影響で教師側が委縮する傾向もあることを紹介した。

さまざまな背景をもった活動家たち

今度は、正義連盟のメンバーの自己紹介だ。ジュディス・マーキンソンは「私は昔沖縄に住んでいたのよ。アメリカ軍の兵士たちに関する売春、セックスワークなどを目の当たりにして、軍による性暴力の問題にそれ以来関わってきたの。紛争時の女性に対する性暴力に焦点をあてて取り組んできたわ。美穂とも長いつきあい。『少女像』が建つという決議案が問題になったときに、声をかけてきてくれたのが彼女。私は『少女像』に反対するなんてそんな信じられないことが起こるわけがない。そんなことにいちいち関わる必要はない、美穂は大げさだと思っていたわ。『ホロコーストがなかった』というのと同じレベルだもの。相手にするのは時間の無駄だと。でも、公聴会に出て、日本人の歴史否定者の話を聞いて愕然として、そこから本格的に関わってきたのよ」

「私もずっと沖縄に関わってきました。沖縄では今も米軍による性暴力が絶えません。『慰安婦』問題は今起きている戦時性暴力と同じだと考えてほしいと思ってきました」と私が言うと、「そうね、韓国やベトナムでの問題ともつなげていかないといけないわよね」とジュディス。まさしくわが意を得たりだった。

美穂と一緒に車で迎えに来てくれたグレース・シミズは「私も美穂を通じて関わっているの。なぜかというと、『少女像』決議案に反対する動きがあるから参加して、と彼女に誘われたから。日本人の右派がアメリカに上陸したことを実感したわ。ここで堰き止めないといけないと思ったの。『脱植民地化を目指す日米フェミニストネットワーク（ＦｅＮＤ）』から日本の右派の動きや権力構造を学ぶ機会があったのも大きいわ。それに、ショックだったのは日系人で進歩的と定評のある人でさえ、右派のような反応をしたのを見て唖然とした。『慰安婦』のことを初めて聞いたのは90年代初めで、これは未解決の第二次世界大戦時の問題だと思った。なぜかというと、私が関わってきたもう一つの未解決問題――多くの日系ペルー人がアメリカに強制連行され収容所に入れられたこと――をずっ

ジュリーのマンションで

と訴え続けているけど、アメリカやどこからも正義を勝ちとっていないのよ。私の父は広島出身。この問題も、抹消されてはいけない歴史」だと言う。

そして、正義連盟の共同代表のリリアンも高揚した感じで一気に語った。

「私たちが作った南京大虐殺賠償請求連合（RNRC）は日系人もサポートするようになっていったの。設立者には、フレッド・コレマツという有名な日系人も入っているわ。収容所に日本人が入らなければならないという大統領令を拒絶して投獄され、最高裁まで闘った人で、みんなのヒーローよ。華僑だけではなくさまざまなコミュニティの日系人も名をつらねてRNRCを作ったの。90年にRNRCが設立されたとき、世界からも日系コミュニティーからも反対の声は聞こえなかった。日本政府もそこまで歴史を歪曲しようとはしていなかったと思うわ。南京大虐殺を伝えることも、そこまで難しくはなかった。

ところが、『少女像』をつくろうと正義連盟を設立して活動を始めると、日本の右派が妨害にやってきた。でも、彼らの行動は逆の効果をもたらしたわ。公聴会で証言したイ・ヨンスハルモニを指して、『あなたはうそつきだ』と言う目良浩一氏の発言を聞いて、それまで無関心だった人たちでさえ怒ったわ。この発言が逆に決議案の全会一致を実現させたの。

あまりにも右派勢力の行動は常識はずれよ。私はこの当時はまだ判事だった。運動の同志であるジュリーとともに表に出ずに、裏で動いていたの。でも、ロビー活動を判事はできない。決議案を提出するとき、今まで賛成していた議員が反対側についたと聞いて、何とかしなければと、意を決して9月21日に判事を辞めた。その次の日が公聴会だったから。たった2年間で『少女像』建設を達成したことは私たちにとって誇りです。リンカーンパークにあるホロコーストの碑は反対勢力もなかったけれど10年間かかりました。天安門事件のあと、民主主義の女神を建てたのも7年間かかったわ。でも今回は2年よ！　これは本当に素晴らしいこと」

吉村市長のおかげで有名に

この後は正義連盟の方々が用意してくれた中華ディナーの場が待っていた。ジュリーのマンションを後に、美穂の車で中華料理の店へと向かった。とんでもない傾斜の坂道にスイっと車を駐車する美穂。なんでもできる人はすごい。

店につくと、ジュリーたちをはじめ9名の正義連盟の方々が迎えてくれた。ジュリーは「大阪で活

正義連盟のみなさんと記念撮影

動してきたみなさんに心から敬意を表します。大阪市長があんな恥知らずな行為をしたとき、その行為を批判するみなさんのことがメディアにも報道され、私たちの耳にも届きました。何十年にもわたる友好関係（姉妹都市関係）を人質にとって、こういう動きをした吉村市長の評判は下がりました。日本に対する敬意がサンフランシスコ市の中では低下しています。でも日本で良心をもって反対している市民が多くいると確信しました。私たちはみなさんに会えてラッキーです。でも多くの人々はまだ知りません。右派や政府側の動きしか知らないので、みなさんのような方々がいることを伝えるために、がんばりたいと思います」と挨拶した。さすがに元判事だけあって、彼女の話は明快で人の心をつかむ。

「食べて油まみれになる前に写真をとりましょう」というジュリーの提案で記念撮影。そこからはおいしい中華料理を食べながら、話す、食べるの大忙しだった。ここに集った人々は何しろ話す話す、食べる食べる。それこそが活動のパワーだと感じた。

「大阪市の姉妹都市解消のニュースはいつ、どういうふうに伝えられたんですか」と聞くと、「新聞でも大々的に報道されて、普通の人でも関心を持って見るくらい、あちこちで流れたわ。テレビのニュース、『ニューヨーカーマガジン』、『ニューヨーク・タイムス』からも取材を受けたの。吉村市長のおかげで、注目されて有名になったわ（笑）。姉妹都市と言われても私たちは利害関係を持っていないし、だからなんなのという感じもあったけど、市長が姉妹都市関係を政治的に使うのには憤りを感じ、あいた口がふさがらなかった。もし姉妹都市をうち切っても、市民と市民のつながりは絶対続けていくべきだと思うわ」と一気に話すジュリー。

「日本の歴史否定主義の動きは、とても世界にとって危険。でも、ある意味では『少女像』を建てられたのは日本政府のおかげ。日本政府があんなにあからさまに妨害しなかったら、サンフランシスコ市民でも『少女像』が建ったことを知らなかったかもしれないもの。歴史否定者が公聴会にワーッとおしかけてきたり。こちらもたくさんの人たちに助けを求めたのよ、負けられないから」

「少女像」を盾にして姉妹都市を解消するという政治的な動きに対して、市民の交流こそ続けようという言葉がありがたかった。

「国や大阪市からの妨害や圧力は具体的にはどんな形で」という問いには、「本当に多くありすぎて（笑）」「まずは日本の領事が市議会議員一人ひとりのところに足を運んで、『決議案に反対するように、絶対建てさせないように』とプレッシャーをかけた。それから日系コミュニティのリーダーにもプレッシャーをかけたわ。日本の総領事館はジャパンタウンの有力者にも圧力をかけてきたし、日系人が運営しているさまざまな団体の事業に対しても補助金のカットや企業からの寄付の引き上げなどをちらつかせてきた。大阪市も書簡を送ってきただけでなく、日系人の女性局長などを引き込んで決議を阻止しようとした。そんな中で『日本系の銀行から８０００ドルの助成金を受けたから、私たちはこのケースに賛成できない』といった人も出てきた。しかも、右派たちは14回以上あった公聴会すべてにやってきて証言した。もちろん大勢の味方を動員して。すべての自治体機関へのロビー活動も忘れてなかったわ。でも日系のアメリカ人の大多数は私たちをサポートした。先ほど紹介したコレマツの娘さんや著名な人からのサポートもあって、とても心強かった。なにしろ右派の人たちはみんな言い分が同じ。たとえば『なんで日本だけいじめるのか。韓国もベトナム戦争で、ひどいことをやったのに』と。また国連では、『日本人と中国人、朝鮮人は民族的に根本から違う』『韓国人と中国人はうるさい、日本人は静か』とか、明らかに人種的偏見に満ちたプレゼンテーションをしています。そのうえで『慰安婦』問題は日本バッシングだ」とね。

話しているうちに、この像を建てるまでの日本政府や大阪市のやり方があまりにも理不尽だったことが思い出されたのか、どんどんボルテージが上がっていった。

「慰安婦」を教育の場で

正義連盟の会員でもあり、社会正義教育財団（ＥＳＪＦ）代表でもあるソン・ソンスクが１冊の本を手にして、立ち上がった。

「これは、私たちが作った『慰安婦』のことを教えるための本です。メモリアルを建てたのも、日本政府がどれだけ真実をなかったことにしようとしているかを目の当たりにして、歴史を隠蔽してはいけないと思ったからです。私たちは日本政府に、戦争中の犯罪を認め、謝罪をしてほしい。歴史をわい曲することをやめてほしいのです。そこで、『少女像』の建立と並行して、サンフランシスコ市議会でサンフランシスコ市内の校区で日本軍『慰安婦』の歴史を学習する内容の決議案を17年に通過させ、今年3月から教育することになりました。これも私たちの政策提言の結果です。そこで作ったのがこれです」と言ってソンが本をプレゼントしてくれた。本の表紙には“Teachers' Resource Guide'Comfort Women' History and Issues”とあり、「少女像」の写真がある。開くと、表紙の裏にはイ・ヨンスハルモニ直筆の「日本よ、罪を認めなさい」という言葉が書かれている。この言葉を読んだとき、正直、ひりひりする感じがした。

学習活動を含め全107頁で構成されたこの指導書は、サンフランシスコ市議会の決議にともなう教育当局の要請で彼女たちESJFが作成したものだ。3月末に出来たばかりで、一緒にいた正義連盟のメンバーも初めて見るものだった。アメリカで日本軍『慰安婦』関連教師用学習指針書が発行されたのは初めてのことだ。ソンは日本に来て、千葉市の朝鮮学校に支援金を送るなどの活動もしている。この指導書はサンフランシスコ市内の18の学校に配られ、10学年の子どもたちがこれで学ぶことになる。「生徒たちが『慰安婦』の歴史とその問題を正しく知るようになり、人権保護の重要性を知ってほしい」とソンは言う。

内容は大きく三つの編で構成されている。①90年代からの「慰安婦」の歴史をめぐる国際社会の動きと進行過程、サンフランシスコ市中心に建てた記念碑設立の背景など、②「慰安婦」関係の史料と写真と市議会を通過した「慰安婦」記念碑設立発議案、「慰安婦」の歴史を生徒が第二次世界大戦について学ぶ時に教えるようにとの発議案など、③被害者や目撃者の証言、第二次世界大戦にお

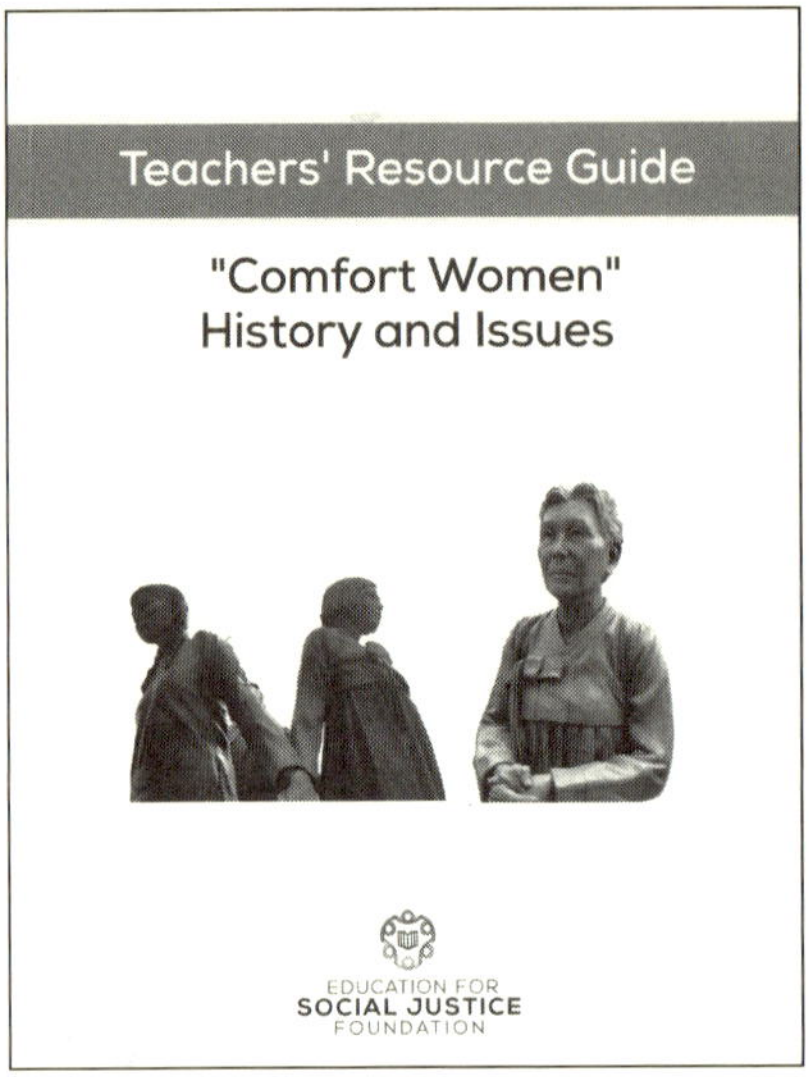

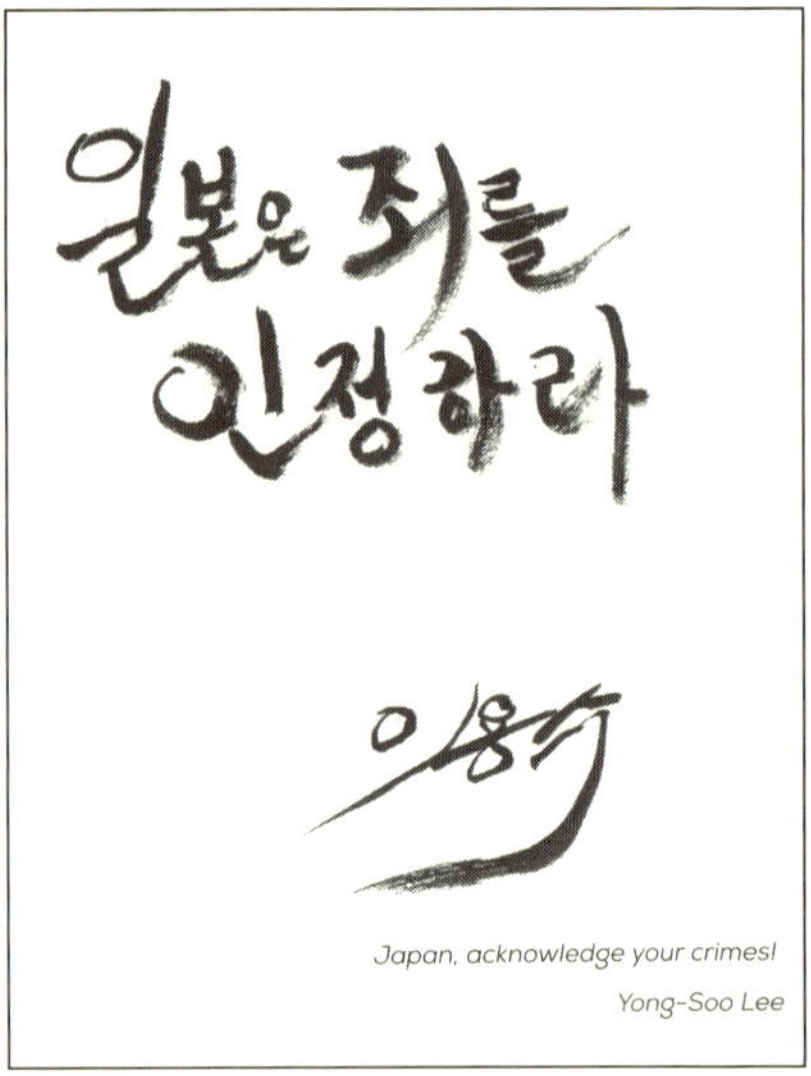

「慰安婦」を教えるための指導書とイ・ヨンスハルモニの言葉

ける各国での被害などを学ぶためのワークシート、全米各地にある「少女像」の地図、指導案、ハルモニが描いた絵、さらに「慰安婦」問題と#MeToo運動を比較して学生たちに考えさせ、社会参加意識と活動を促すといった内容だ。

　私はうらやましかった。日本の教科書は検定という制度があり、文科省による統制が厳しくなっており、教師が授業を教えるときも基本的には教科書が基本だ。自治体ごとにその地域を学ぶ副読本を出しているところもあるが、最近ではその副読本に書いている関東大震災での朝鮮人の虐殺などの記述をめぐって、自治体が副読本を改変する事態も起きている。そんなことを思いながら、サンフランシスコ市で行われている教育の独立性を感じた。

　「アメリカでは第二次世界大戦で日本に関わるところをどのくらい教えているんですか」と聞いてみた。サンフランシスコ講和条約のことが引っ掛かっていたからだ。「アメリカでは世界史は必須の教科ではありません。世界史は中3から始まりますが、第二次世界大戦はアメリカ人にとってはヨーロッパのことで、『そういえばアジアも』という感じです。サンフランシスコはアジア系が多いのでピンとくるけど。第二次世界大戦で教えるのはパールハーバーと長崎・広島。またムッソリーニやヒトラーは知られているが、ヒロヒトは知られていないので一から教えていきます」とソン。

日本でも、教師たちの歴史意識がどんどん弱まってきているように感じる今、ソンが行っている「慰安婦」問題に関心がある歴史教師たちの主体的参加を引き出すためのワークショップに大いに関心を持った。「来日してぜひ、ワークショップをやってほしい」と言うと、「私たちも日本に行って、教材を紹介したい。資料とか、教育者も連れていきたいわ。正義連盟は教育だけでの取り組みはないが、ぜひジュリーやリリアンも連れていきたい。前回は東京でハルモニも一緒に会議をやった。ぜひ、教員たちを対象にした1日のワークショップを東京や大阪でしたいと思ってる」という返事だった。

ごちそうになったお礼に、最後に中村さんが「今度は私たちがディナーを。そして大阪市役所を案内します」と言うとみんな大爆笑、そして「エリック・マーも一緒に」とつけ加えることを忘れなかった。その後はお土産の交換だ。京都にあるSOU・SOUというブランドの手ぬぐいハンカチを手渡すと、みんなに可愛いと大人気だった。正義連盟からは「少女像」がプリントされたショッピングバッグの中に、「少女像」建立を記念するブックレット、サンフランシスコ市で有名なSee's Candiesのお菓子、Peet's Coffeeのコーヒー豆が入っていた。おいしいものも嬉しかったけど、ここにきてしか手に入らないこのショッピングバッグ。「日本に帰ったらみんなに自慢できる！」と言うと、大喜びしてくれた。

何しろ、話したい人たちばっかりで、通訳の美穂はさぞかし大変だったろう。「美穂、食べてる？」と聞くと「ちゃんと食べてます」。確かに見ていると通訳の合間に盛大に口を動かしていた。それでなければ、こんなに個性的な人をつなぐことできない。みんなで「職人芸だ」と大笑いした。難しい話のなかにも、ときにはユーモアを交え、写真を撮る時には「痩せてるように写してね」と言うなど、とてもチャーミングでパワフルな女性たち。ジュリーやリリアンはじめ、みんなそれなりのキャリアをもって活動する人たち。誰かにさせられて、どこかの組織に属してということではなく、一人ひとりが自分に続く歴史的背景を自覚して活動しているのだ。サンフランシスコ市での新しい発見や国を超えて連帯できる仲間との出会いで、その夜は興奮して寝付けなかった。

在日がつなぐ連帯

今回のサンフランシスコ市の旅で、正義連盟との会談や「少女像」ツアーの案内などをコーディネートしてくれたのが金美穂だ。彼女は在日コリアンによる市民団体「エクリプス・ライジング（Eclipse Rising 略称ＥＲ）」の共同代表で、正義連盟での活動を積極的に推進しながら、大阪をはじめとする日本で「慰安婦」問題解決のための運動をする市民と連帯する役割を担ってきた。すらりとした長身で知的で親しみやすい彼女は、在日として博多で小学5年生までを過ごし、その後アメリカに渡り、イギリスのオックスフォード大学院で国際人権法を学び修士号を取り、世界を飛び回っている活動家だ。「私の研究はサンフランシスコ市で生かされている。それは単に研究者としてではなく、自らが学んできたことを実践する活動として」と彼女は語る。

それはERを立ち上げ、正義連盟のオルガナイザーとして社会活動をしていることからもわかる。彼女自身が自分の紹介を書くときに「社会正義活動家」と書いていることがその表れだ。彼女は言う。「研究の専門は『慰安婦』ではないけれど、日本を公正な社会に導くためにやらないといけないと思っている。私は社会運動を学んできたし、オルガナイザーとしての役割を果たしていきたい。国境をこえた社会運動のムーブメントを起こすことが必要だと思う。この問題は私たち自身の正義の問題だから」

正義連盟の運動で、アメリカにおけるマイノリティや抑圧されてきた歴史を持つコミュニティと連帯しながら、それぞれをつなぐ役割を担ってきたのがERだ。ERなしには、これだけ個性的な人たちを結集させることはできなかったかもしれない。彼らの拠って立つところは何だろう。それは日本の植民地政策によって支配されたという立場と、アメリカにおいても人種的マイノリティという立場だ。日米両国から差別される対象となってきた在日在米韓国人という立場こそが、彼らの活動のよりどころなのだ。美穂は「アメリカにおける日本軍『慰安婦』問題」(金美穂、キヌカワ・トモミ、『人権と生活』42号、2016年6月所収)でこう書いている。

「2000年頃からサンフランシスコ・ベイエリア地域を中心に口コミでつながっていった在日のアクティビストや学生・学者らの仲間が、各自の置かれた立場から、戦後半世紀以上経った今でも未だ背負わされている日本の植民地支配の負の遺産をどうすべきか、あるいは在日としての立場からの解放運動への参加、在日にとって不可欠な戦略としての連帯をどう構想すべきか、等を定期的に議論する場を築いてきた。『日本人』や『韓国人』には託せない『在日』の心のよりどころであった」

こうしてERは06年に結成された。ERの意味は、今なお在日コリアンを抑圧し続ける日本の象徴である「日の丸」をすっぽり覆い隠してしまう日食（Eclipse）、そして自分たちの意志で立ち上がり運動を起こして広げていく（RisingUp）という意味だ。

明日からアジアン・アメリカン・スタディーズ学会が開かれるという3月28日、美穂が「ERのメンバーを紹介する」と言うので、待ち合わせ場所の学会が開かれるウエスティンホテルに向かった。老舗のホテルだが、客層は幅広い。人混みでごった返すロビーで美穂の姿を見た時はほっとした。美穂の傍らにいるのは私と同じ顔立ち。みんな着いたばかりだという。疲れているのに申し訳なく思いながらも、ユニオン・スクエアに向かった。10人余りが顔を見ながら語れる場所はそこしかなかった。桜が満開の公園に陣取った。

そこで、もらったERのカードを見てびっくりした。「力道山!」。1963年に亡くなった力道山をERのメンバーが知ってるはずがない。私も伝説的な話しか知らないくらいだ。でも在日にとって彼はまさしくRisingUpの象徴なのかもしれない。

さっそく明日から開かれるアジアン・アメリカン・スタディーズ学会について聞いた。学会としては40年続いているそうだ。アジア系アメリカ人のいろんなトピックをディスカッションする。毎年開催地は違うがERは国境を越えて、「慰安婦」問題、在日コリアンの問題を3年連続で提案している。

特に今年はサンフランシスコ市なので、「少女像」ツアーも企画した。

ＥＲの「慰安婦」問題に関する活動について聞くと、美穂は「正義連盟の結成前から『慰安婦』問題について動いていた。山本優美子氏や幸福の科学がやってきたときは、これは本格的に右派が上陸してきた、本格的に闘うしかないと思った。『脱植民地化を目指す日米フェミニストネットワーク（FeND）』を呼んで、私たちとエリックと話して、裁判官、華僑などいろんなベースの人を集めて学習したの。幅広い人々の結びつきを作って、みんなが関わらないと11市議全員の支持が得られないと思ったから」

美穂は話し出したら止まらない。「いろいろな運動に関わっている人たちに、『慰安婦の問題は自分の問題』と呼びかけたの。それまで『こんなの相手にするはずがない』と思っていたグレースなんかも『これはヤバイ』と初めて重要な問題だとわかってくれた。それでようやく２０１４年８月に正義連盟が生まれた。ジュリーやリリアンら判事たちは影響力を持ち、いろんな機関にアクセスできたので代表になることを了承してくれ、ＲＮＲＣがリード団体になって、各自の持ち味を生かして今は活動している。私はオルガナイザーをやっていたので、世話人におさまって日本とのやりとりをしているの」

ＥＲのメンバーの紹介が始まった。

河庚希（ハ・キョンヒ）は京都府福知山市出身。アメリカで日本の地名を聞くと変な感じだが、在日なのだから当然出身地は日本ということになる。しかし彼ら自身、在日ということによって日本社会で受けてきた差別の体験は根強く残っているようだ。キョンヒが「小さいころ、キムチを食べられなかったの。そんなの食べたら韓国人になってしまうって思ってたから」と言ったのには驚いた。自らが韓国人であることを拒絶していた幼い頃の話だ。日本人ではないけど、韓国人でもない存在なのだと改めて思う。彼女は大学在学中より在日朝鮮人や他のマイノリティの人権問題に興味を持ち、04年から活動拠点をカリフォルニアに移し、社会活動と執筆活動を通して帝国・植民地主義の問題に取り組んでいたが、今は日本の大学でも講師をしている。美穂は明日の「少女像」ツアーには出られないということなので、通訳を買ってくれた。

江田ハルキも滋賀県で育った。11歳の頃にゲイ雑誌と衝撃の出会いをし、ゲイとしての自覚を持った。一方、母が日本人だったので国籍や名前、文化などの面ではほぼ日本人として育った。19歳でアメリカへ渡った。サンフランシスコ州立大学在学中に設立したセクシャルマイノリティのアジア系アメリカ人のための学生組織で活動しているときに、美穂にストーカー（これは美穂の表現）され、09年にERに引きずり込まれた。ハルキは朝鮮統一の問題を根底に、半島以外に住む朝鮮人で、LGBTQ、女性、障害を持っている人などが、どう分断の影響を受けているのかを研究したいという。過去を認識した時点でどういう未来を模索するのか。統一した朝鮮半島をどうイメージするか。ただ北と南が元に戻るだけでなく、分断以前から国家に組み込まれていなかった人も含めて考えていくことが研究対象だ。

岡デーソンは4年前にハルキが発表したとあるセミナーに参加してきた。ハルキとの出会いがクイア（ゲイという意味）のアジアンとの初めての出会いであり、初めての在日との出会いだった。もちろんそこから、美穂にも会いERに参加した。デーソンは、アメリカの中で「慰安婦」問題がどう語られてきたのかを調べているという。日本語を話すバイリンガルの米兵が日本の敗戦後、東南アジアの各地に送り込まれ「慰安婦」を解放した。ドクター・クリフォード上田（RNRCの設立者）がアメリカ公文書館でその記録を見つけた。それが70年代から80年代、つまりキム・ハクスンのカミングアウトの前に「慰安婦」の存在をアジアンアメリカンは知っていたという。実に興味深い研究テーマだ。

南北統一を目指しながら、統一した国家の中にマイノリティーを組み込んで考えるハルキ。キム・ハクスンのカミングアウトの時にまだ生まれていなかったデーソンが「慰安婦」問題をアメリカという角度から研究していることなど、彼らの話を聞いていると、この若者たちがこれからの社会を作っていくと思うと嬉しくなった。そして、どうしてそんなに在日にこだわるんだろうかと、勇気を出して聞いてみた。

「在日って、みんなバラバラで、領事館にも連絡しようにも国籍がバラバラ、見てもわからない。名前もわからない。だからお互いを見つけられない。名前もコリアンとみられて、在日かとは思わない。話さないとわからない。だから『ザ』とか聞こえたら、すぐ動き出すの。あなた、在日?って」と美穂。「私は四つ名前があった。日本名、名字だけとか」とキョンヒ。「父が在日で韓国人。迫害から逃れるためにアメリカへ移住した。岡は通称名。それでハルキに知りあってERへ来た」と答えるデーソン。ハルキが在日について語った。

「めざす社会を実現するために避けて通れないことがある。サンフランシスコ市は識字のない人とか難民、搾取されている人とかたくさんいる。オルグすることで権利を自らかちとっていった歴史がある。運動は人と人との関係が基盤。ゲイであれ、日本語上手、上手でないとか、韓国人として純潔か、純潔でないかとか関係なく、互いを尊重しあえる場がER。在日は大切な実践の場。個人の問題を超越して、手をとりあっていきたい」

話を聞きながら改めて在日の絆を感じた。私なら、もし海外で日本人らしい人に会って話をしたとしても、そこから共に何か活動しようとは思わない。でも、在日は在日という存在そのものにとても強い磁力があるようだ。そういう磁力こそが、人と人を結び付ける力になっているのかもしれない。

著者を真中に、右が美穂、左がキョンヒ

彼らの言葉の中に「ディアスポラ」という言葉が頻繁に出てくる。「ディアスポラ」とは「何らかの外的な理由によって、多くの場合暴力的に、自らが本来属していた共同体から離散することを余儀なくされた人々、およびその末裔を指す」(『ディアスポラ紀行—追放された者のまなざし』徐京植、岩波新書、2005)とある。在日も、その一人だろう。しかし、彼らと話していると在日という「ディアスポラ」こそが今の世界で、分断された人々をつないでいく存在になっているように思える。国民国家にとらわれず、逆にそこからはじき出された存在として、在日の意味がある。

美穂は言う。「在日として国家に根付く機会を持たないことは、ある意味『恵み』だと思う」(金美穂、前掲書)

吉村市長、人としての情けと共感を

3月29日、サンフランシスコで開催されているアジアン・アメリカン・スタディーズ学会の「エクリプス・ライジング」企画で、『少女像』スタディーツアー」に参加させてもらうことになった。ブッシュ通りのホテルから歩いて中華街をめざした。中華街の入り口にはどこの国も同じように立派な門がある。その門には「天下為公」とあった。『礼記』にある言葉だが、孫文が好んで書いた文字で、南京の中山陵の正門にも掲げられている。意味は「天下は為政者のためのものではなく、民のもの」という意味だ。これを見ながら、「安倍政権は全く逆で『天下為私』やなぁ」と言って、思わず仲間と目を合わせた。ビルの谷間に緑豊かなセントメリー公園があった。公園の真ん中には孫文像が。先ほど見た中華街の門の文字を思い出した。

すでにかなり歩いたこともあり、初夏のような暑さで汗ばんできた。公園の奥の階段に向かう人たちの後について行くと、めざす「少女像」が目に入った。思わず駆けだした。キム・ハクスンハルモニが慈愛に満ちたまなざしで見つめる先には、強い意志を目にたたえた朝鮮半島・中国・フィリピンの少女たち。手は固く結ばれていた。サンフランシスコの汗ばむような陽気と空の青さのせいか、ソウルの日本大使館前で見る「少女像」の雰囲気と随分違うように感じた。悲しさをたたえてるというより、気の強そうな女の子たちだ。ジュリーやリリアンのような「意思の人」と言える人たちとダブったのかもしれない。「少女像」の前の壁面に碑文があった。

「私たちにとってもっとも恐ろしいことは、第二次世界大戦の私たちの痛ましい歴史が忘れられてしまうことです」――元慰安婦

この記念碑は１９３１年から１９４５年まで日本軍によって性奴隷にされ、「慰安婦」と呼ばれたアジア太平洋地域13カ国にわたった何十万人の女性と少女の苦しみを表しています。その女性たちの大多数は、戦時中囚われの身のまま命を落としました。この暗い歴史は、生存者が勇敢に沈黙を破った１９９０年代まで、何十年も隠されていました。生存者たちの証言が世界を動かした結果、戦争手段としての性暴力が人道に対する罪であり、加害国の政府が責任を負わなければならないと国際社会が宣言することになりました。

この記念碑は、これらの女性たちの記憶のために捧げられており、世界中での性暴力や性的人身売買を根絶するために建てられたものです。

サンフランシスコの「少女像」

11時からのツアーに集まったのは、アジアン・アメリカン・スタディーズ学会に参加しているアジア系アメリカ人やアジア各国からの参加者70人余り。舞踏家の「祈り」を表したダンスに始まり、「少女像」建設の立役者2人がスピーチをした。サンフランシスコ市議会での「少女像」決議案の共同提案者の中心となったエリック・

マー前市議会議員は「像が立つ地は、これまでも労働者の闘いが刻まれた地です。私にも17歳の娘がいて、女性の権利を求める運動について語りあっています。反対派との闘いは大変でしたが、国境、人種を乗り越えたつながりがこの像を作りました」

続いてリリアン元判事は「07年の下院決議、13年の橋下暴言への市議会反対決議などの歴史につらなる運動がここに実を結びました。『ホロコーストの碑』を作るのに10年かかりました。この碑は2年で作れたのです」と完成までの2年間の運動を振り返った。そのたびに大きな拍手に包まれ、最後は像の前で参加者全員の記念写真となった。

像の前でエリック・マーに「大阪市にメッセージを」とお願いした。もっと力強く、大柄な人物と思っていたが、小柄で穏やかな雰囲気をたたえていて、政治家や活動家という感じはしなかった。エリックは言葉を選びながら、まるで吉村市長を目の前にして語り掛けるように語った。

「このような悲劇を経験した女性や少女は、現代においても日本占領下のアジアにおいてもいます。私たちのメモリアル（「少女像」）は、日本の方々を非難しているわけではなく、今まで正義が果たされたことのない人々に正義をもたらすことが目的です。

前市議会議員として、サンフランシスコ市は被害者に寄り添い、正義をどうしたら達成できるか考えてきました。もうすでに日本政府は謝罪したという声を聞くと、心が痛いです。被害者の方たちがそう感じていないですし、その意味で正義はまだ達成されていません。

吉村さん、人としての情け、そして共感をもってください。

「少女像」の前でスタディーツアー参加者と

ここサンフランシスコでは、メモリアルは若い世代の教育資源として認識されており、日本を非難するものではありません。ただ、このような暴力が二度と、誰の身にも起きないように、そしてこれからの若い世代が正義の意識をもっていけるようにと願っております。大阪から来たみなさん、訪問してくださってありがとうございました」

静かだが、気持ちのこもった言葉に、エリックのこの像に込めた思いがにじむ。エリックには思春期の娘がいる。彼は自分の娘がもしも戦時下でこんな境遇にさらされたらと考えると言う。

この像は決して「反日」の像ではなく、この場から世界に向けて性暴力をなくすこと、女性の人権、マイノリティの人権を守ること、戦争ではなく平和を作り上げようということを発信している。この像の正式な名前は「強さの柱」。忘却するためにではなく、永遠に記憶するためのものだ。そして、決して日本をバッシン

エクリプスライジングのメンバーと

グするのが目的なのではなく、二度と繰り返されることのないようにとの決意を込めたものなのだ。この像の前でエリックやリリアンらと強く握手を交わし、肩を組むことができた。人と人とが連帯していくことこそが権力者の横暴に立ち向ううえで大きな力になる。「少女像」を囲んでさまざまなルーツや背景の異なる人々が一同に会し、肩を組める瞬間に立ち会えたことを誇らしく思う。「少女像」を見上げた先にサンフランシスコの澄み切った青空が見えた。

エリックやリリアンらの言葉を吉村市長に聞いてほしい。そして、知ってほしい。日本をバッシングするためのちっぽけな企みではなく、社会に正義をもたらすためなのだということを。

社会正義から遠く離れた日本

今回会った人たちのほとんどが口にした言葉が「社会正義」だ。「慰安婦正義連盟」という団体名のなかにも「正義」という言葉が使われている。社会的に人権が尊重され、公正な世界を目指そうという意味が込められていて、素晴らしい言葉だと思う。日本ではあまり聞くことはなかったが、関心を持った。フェイスブックでこの話題をアップしたところ、佛教大学の原田敬一氏から「social jastice という言葉はヴェルサイユ平和条約のＩＬＯ規約の前文で使われ、今は国連が国際日にしています」と教えていただいた。

そういえば原田氏の著書『「戦争」の終わらせ方』（新日本出版社、２０１５）に、ＩＬＯ（国際労働機関）憲章について書かれていたことを思い出し、あわてて本棚から引っ張り出した。それによると、第一次世界大戦後に、ヴェルサイユに集まって戦勝国が戦後の国際社会の在り方を決めた。そこで単に戦争を終結させ、戦後処理を行うためのものでなく、世界の争議を解決し平和を維持するための国際連盟を組織することが提案された。日本にとって意外だったのは、そこに労働法制に関する世界的な取り決めが加わろうとしていたことだ。これがＩＬＯ憲章だ。日本はこの提案を全く予想していなかった。そこでは、①1日8時間労働、②1週間の最長労働時間の制定、③農業労働者も同じく制定、④少年労働の最低年齢制限の制定、⑤同一作業は男女同一賃金、⑥疾病・傷害・老廃・出産・失業の強制社会保険の設立などをイタリアが提案していた。

当時の日本の労働政策と著しくかけ離れていた内容に、日本は抵抗した。国際労働立法委員会は、日本を含む9カ国の代表により構成されていたが、日本は採択を棄権した。法制案は賛成多数で成立。日本の対応は欧米で大きな不評を買った。当時の日本はドイツから奪った山東省の権益にのみこだわっていたからだ。

「パリ講和会議が、世界の平和に何を貢献できるのか、についてウィルソンやロイド・ジョージなどを中心として取り組んでいるとき、日本はその立場には立っていなかった。英米仏などの提案に対し、国内事情を優先させて対処し、かつ孤立を招かないように振る舞う、というのが日本政府の原則的方針だった」（原田敬一氏前掲書から引用）。これを読んだとたん、「今の日本の姿勢そのものだ」と思った。当時も今も、日本政府は、国際社会における平和の実現やその意義を考えるのではなく、自国の利益や国際社会から孤立しないようにということばかりを考えているように思う。

ＩＬＯ憲章前文には、どんなことが書かれているのか。その要約をＩＬＯ駐日事務所の公式ホームページから引用する。

1．世界の永続する平和は、社会正義を基礎としてのみ確立することができる。

2．そして、世界の平和及び協調が危くされるほど大きな社会不安を起すような不正、困苦及び窮乏を多数の人民にもたらす労働条件が存在し、且つ、これらの労働条件を改善することが急務である。

3．また、いずれかの国が人道的な労働条件を採用しないことは、自国における労働条件の改善を希望する他の国の障害となる。

世界平和は社会正義を基礎としなければ維持できない。国内の不正や困窮を伴うような労働状態を改善しなければ世界の平和協調が危うくなる。当時の調印各国の認識だ。ただし、日本を除けばだが。この結果、ＩＬＯが設置された。働くルールを国境を超えて確立しようというのだ。画期的な組織の誕生だった。今なお、日本はＩＬＯから数々の勧告を受けているがその是正は十分ではないのが現状だ。

ちなみに、国際連合総会は07年の決議で、毎年2月20日を国際デーの「世界社会正義の日」に制定している。17年の「世界社会正義の日」に際してガイ・ライダーＩＬＯ事務局長は、「平和を求めなば、正義を培え」というＩＬＯの創設原則を訴えた。

日本の昨今の政治状況を見ていると、どうもこの国には「社会正義」なるものはないのではないかと思うようなことばかりだ。加計学園の獣医学部新設計画で官邸の関与を示す文書が出てきた。森友学園をめぐっては、決裁文書の改ざんだけでも前代未聞というのに口裏合わせの証拠まで発覚。イラク派遣部隊の日報問題では存在しないとされた日報が存在していたことが判明。国民の信頼を裏切る事態に対しても、安倍政権はまるで他人事のよう。民主主義を支えるための仕組みが崩壊しきっている。証人喚問を要請しても、核心を握る人物を出そうともしない。

しかし、私にとって、これは当然と言えば当然と思えた。それは「慰安婦」問題への対応が同じだったからだ。安倍内閣は07年3月16日に「政府が発見した資料の中には、軍や官憲によるいわゆる強制連行を直接示すような記述も見当たらなかった」という政府見解を出した。しかし、実際には07年6月16日に紙智子参議院議員が、強制連行・売春強要・性奴隷状態を示す日本軍「慰安婦」関係文書の箇所を取り上げて、「強制連行・売春強要・性奴隷状態の事実が記述されているか」と質問主意書を出したのに対し、政府は「ご指摘のような記述がされている」と答弁書を出しているのだ。誰が聞いても、「軍や官憲による強制連行を直接示すような記述」があり、その記述を政府も認めているのに、それでも政府見解にしがみついているのだ。この構図は、証拠があっても認めない加計・森友学園問題と同じではないだろうか。こんな状況に怒り心頭で5万人もの人たちが4月14日に国会前に押しかけ、「安倍退陣」を要求、その動きは全国20カ所に及んでいる。

そんな矢先、怒髪天を突くようなニュースが飛び込んだ。加計学園や森友学園問題で世間をにぎわしている財務省の事務方トップのセクハラ事件だ。福田淳一事務次官が女性記者を夜の飲食の席にたびたび呼び出し、書くのもはばかられるような内容の言葉を投げかけていた。この問題に麻生財務大臣は、「こちら側も言われている人の立場も考えないと。福田の人権は無しってわけですか」「だったらすぐに男の番(記者)に変えればいいんじゃないか。なあそうだろう？　だってさ、ネタをもらえるかもってそれでついていったんだろ。触られてもいいんじゃないの」と言い放ち、下村博文元文科相も4月22日の講演会で、福田淳一財務事務次官によるテレビ朝日の女性記者へのセクハラ問題で、女性記者が福田氏の発言を録音していたことについて「確かに福田事務次官はとんでもない発言をしたかもしれないけど、テレビ局の人が隠してとっておいて、週刊誌に売ること自体が、はめられてますよ。ある意味犯罪だと思う」とセクハラ被害者を「犯罪者」扱いする暴言を吐いた。しかも、財務省の調査も被害者に名乗り出ることを求めるなど、どう見てもこの国の政治は不正義の塊になっている。

自らが受けたセクハラを訴えた被害者にとって、このことがどれほどの決意が必要だったのかを想像できるか、できないか、想像しようとするか、しないかの違いは大きい。もし、自分が公開すれば、どこの社の記者か詮索され、取材活動ができなくなったり、記者生命を失うかもしれないと。でも、彼女は立ち上がった。悩んだ末の選択だったと想像する。この思いを共有しなくてはと思う。

アメリカでは、ハリウッドで起きた大物プロデューサーによる長年にわたる悪質なセクハラが「ニューヨーク・タイムズ」などの報道で世界中にスクープとして広まった。セクハラ告発の波は海を越えて、イギリス、オーストラリア、ヨーロッパ各地に広がった。女優で歌手で、ユニセフの活動家でもあるアリッサ・ミラノが「ニューヨーク・タイムズ」の記事から10日後の17年10月15日に「MeToo」にハッシュタグをつけてネット上への投稿を呼び掛けたことで、一気に「#MeToo」のムーブメントが起きた。「ニューヨーク・タイムズ」はこの報道で今年のピューリッツアー賞を受賞した。

しかし、日本ではどうだろう。伊藤詩織さんが被害を受けたレイプ事件は、多くの人の知るところだ。事実の積み重ねによってレイプの確証が得られ逮捕状も出たのに、直前になって取りやめ。彼女が検察審査会に訴えても不起訴。その理由はわからない。わかっていることは、逮捕状が出ていた山口敬之氏が安倍首相に非常に近い存在だということだ。その後、彼女は顔も名前も出して記者会見を開いた。それなのに、大手メディアの多くがスルーした。今回の財務省事務次官によるセクハラといい、伊藤詩織さんの件といい、日本はどれほど女性への性暴力に鈍感な国なのだろう。政府が掲げる「女性が輝く社会」というキャッチフレーズが笑わせる。戦前の性暴力に目を閉ざす国は、今の性暴力にも目を閉ざすのだ。日本はいつ社会正義を果たす国になるのだろうか。

第5章　つちかってきた絆は壊せない

友好を築いてきた人々の思い

「少女像」の建立に先立つ84年、サンフランシスコ市はホロコーストの碑を建てている。「少女像」ツアーの後、どうしてもこの碑を見たくて、リンカーンパークまで足を延ばした。このホロコーストの碑があったからこそ、今回の像もできたと言える。どちらも人類の戦争における過ちを残すことで、植民地主義や人種差別との決別をうたったものだ。

ここで意外なものを見つけた。ホロコーストの碑の写真を撮っていると、その向こうに何やら大きな石碑が見える。しかも明らかに漢字で彫られている。近づくと「咸臨丸入港百年記念碑」と読めた。揮毫はなんと「中井光次大阪市長」。思わず「大阪市長が作った碑や！」と叫んでいた。記念碑の裏には「日米修好通商百年記念行事として両国の親善促進のために大阪市がこの碑を建て姉妹都市サンフランシスコ市に贈る／一九六〇年五月十七日」と書かれてあった。日本から初めて太平洋を越えてアメリカに渡った咸臨丸。この碑には、咸臨丸に乗ってアメリカに渡った勝海舟ら

ホロコーストの碑

のように、大阪市こそが日本を代表してサンフランシスコ市との懸け橋になろうという気概を感じる。

観光客が行かないような公園で日本人たちが碑をぐるぐる回りながら見ている様子を珍しく思ったのか、初老の男性が「日本の方ですね」と話しかけてきた。彼はマリウス・スターキーと名乗った。「私は高校生を送り出すなど、大阪市・サンフランシスコ市姉妹都市の仕事にかかわってきました」。まるで私たちの訪問を知っていたかのような出会いだ。別れ際に「大阪市長がどうであれ、人と人との交流は続けます」と言った彼の言葉に、今まで姉妹都市関係を築き上げてきた人として、大阪市長のようなやり方には屈しないという強い意志を感じた。私たちと別れた後も、彼はまるでこの碑の守り人のように、たたずんでいた。

咸臨丸碑の前で

咸臨丸入港から数えると150年にもわたる歴史を、自らの一存だけで解消しようという吉村市長に一分の理もないことを改めて思った。私たちの眼下にはゴールデンゲートブリッジが見えた。大阪市とサンフランシスコ市の架け橋のようだ。吉村市長の理不尽さを実感するとともに、60年にもわたる両市の絆を簡単に壊せるはずがないと確信した。

帰国後、大阪市退職教職員の会が発行する「市退教ニュース」227号（2018年1月26日）に掲載された中野登美子さんの投稿を教えてもらった。中野さんは大阪市の教職員をされていた。

「61年前、私の父は大阪市の職員でした。48歳でした。戦後10年、復活に立ち上がろうとする昭和32年でした。おりしもアイゼンハワー大統領が戦争を振り返り、『国民と国民との交流が平和をもたらす。』と説明しました（毎日新聞より）。

これを受けて、サンフランシスコ市側から、大阪市へ姉妹都市提携の呼びかけがありました。中井市長・和爾副市長と共に、父は辞書を片手にサンフランシスコに行き、平和な街づくりの願いを込めて、調印文書を作りました。歴代の市長や市民に守られて、今日まで青少年の交換留学など、お互いの文化・教育に触れあってきました。今まで60年間、成果をあげてきました。私は、成り立ちも経過も人類の英知と努力の賜物だと思います。誇りある提携を吉村市長は、何故、目の仇にするのか？友好都市提携を何故辞めるのか？　どうしても理解できないのです」

サンフランシスコで姉妹都市の仕事に心血を注いできたマリウスや姉妹都市締結を成し遂げた父を持つ中野さんにとって、両市が姉妹都市であり続けることは自らの誇りなのだ。ひとたび失われた友好を取り戻すことは至難の業だ。この友好を60年にわたって作り上げてきた人々の思いを踏みにじることになりはしまいか。

なにわ友あれ交流を

サンフランシスコから返ってきて1週間たった4月7日の土曜日、「朝日新聞」の夕刊一面に『な

には友えれ　交流を』という記事が大きく載った。動画も公開されているとあったので、さっそく見てみた。記事を書いたのは、大阪市役所担当の半田尚子記者。

「大阪市の吉村洋文市長に宛てた映像が、動画投稿サイト『ユーチューブ』で公開された。投稿したのは米サンフランシスコ市の高校生たち。何があったのか」で始まっている。

動画は「大阪市市長　吉村洋文様へ」で始まる日本語字幕入りの7分51秒のものだ。この動画を作ったのはサンフランシスコ市立エイブラハム・リンカーン高校で日本語や日本文化を学ぶ生徒たちだ。3月21日に投稿された。思わずその日付けを見て、このニュースを知っていたら、彼らに会いに行ったのにと残念でならない。この動画を投稿した高校生たちの一部が大阪市に来ていたことを知った半田記者が直接彼らにインタビューして記事になった。

リンカーン高校は大阪市に生徒を派遣するなど姉妹都市として交流事業に参加してきた。17年度も大阪市からの高校生を受け入れる予定だったが実現しなかった。姉妹都市解消のことを授業で聞いた高校生たちから疑問の声が上がった。そして、姉妹都市の関係継続を願う生徒たちが17年12月に立ち上げたのが「プロジェクトCOAST」だ。「大阪市とサンフランシスコ市を結びつける」という「Connecting Osaka And SanFrancisco Together」の頭文字。サンフランシスコ市内の日系団体に姉妹都市関係継続の協力のための手紙を書いたり、セントメリー公園に立つ「少女像」を見に行った生徒もいる。

動画を見ていると、「大阪市とサンフランシスコ市を繋ぎなおそう」「両市の懸け橋になりたい」「文化こそが重要な言葉」「僕たちの代でこの関係を終わりにしたくない」「ジャパンタウンができて以

Project COAST: A Message to Mr. Hirofumi Yoshimura

プロジェクトCOASTから吉村市長へのメッセージ（You Tubeより）

来、日本の文化は多くの人に親しまれてきた」「文化を学び、互いの認識を深めることで、理解しあう関係が作れる」とリンカーン高校の高校生や大阪府立阿倍野高校からリンカーン高校に留学している生徒が姉妹都市継続を願う思いを自分の言葉で語っている。リンカーン高校では92年にベトナム系とアフリカ系の生徒たちの対立が原因となって銃の発砲事件が起きるという悲劇に見舞われた。それ以来、異文化理解を目的とした取り組み「友好祭」が開かれるようになった。彼らが「文化」を大切にする思いの源泉だ。18年3月の友好祭では、COASTのメンバーは大阪市とサンフランシスコ市を人に見立て、離れ離れになった2人がまた一緒になるというストーリーの創作ダンスを作った。この一部は動画にも使われている。

半田記者のインタビューに答えた高校生たちの言葉だ。

「考え方が一つ違うからと言って、友達と絶好はしない。分かり合える部分もあるのに」「広い世界に生きていて、考え方の違いがあるのは当たり前。お互いの違いを分かち合うことができれば、絆はもっと強くなる」

高校生らしい正義感に満ちた言葉だ。吉村市長に、彼らの言葉は届いたのだろうか。

彼らに対して吉村市長は4月12日の記者会見で自らの考えを語った。「朝日新聞」(2018年4月14日付朝刊)の記事によると、「吉村市長は「(高校生の)思いは分かったが、サンフランシスコ市が慰安婦像を設置することの背景をよく考えてもらいたい」と述べ、関係解消の方針を変えない意向を示した。吉村市長は「高校生同士、民間同士の交流はどんどん続けてもらったらいい。だが、慰安婦像の設置をやめてくれと言い続けたにもかかわらず(設置を)受け入れたサンフランシスコ市との関係は、姉妹都市と評価するには足らない。そこに大阪市の税を投入するのは違うと思う」と語っている。

吉村市長の言葉は、高校生の思いに何ら答えるものではなく、君たちは何にもわかってないよね、悪いのは「少女像」を承認したサンフランシスコ市だよと言わんばかりに聞こえる。吉村市長が自分の信念でやっているなら、この高校生たちによくわかるように、どこに問題があって姉妹都市解消なのかをもっと自分の言葉で語るべきだ。姉妹都市は国を超えて市民が友好を作ろうというものなのに、そこに政治の論理を持ち出してくる吉村市長の考えに正当性がないことが浮かび上がってくる。それもそうだろう。吉村市長にはここまで「少女像」の問題にこだわり続ける理由がないからだ。

中之島公園内の「大阪・サンフランシスコ姉妹都市提携50周年」記念碑

あるのは、橋下市長以来の遺恨を受け継いでいることだけだろう。この対応を見ていて、08年10月23日に「大阪の高校生に笑顔をくださいの会」の高校生たちが当時の橋下大阪府知事と会談した時のことを思い出した。大阪の高校生たちの厳しい現状を聞いてもらおうとやってきた高校生たちを見下すかのように自己責任論をとうとうと話し、高校生たちに寄り添う姿勢を微塵も見せなかった橋下氏。その橋下氏率いる大阪維新の会は、この後、次々に子どもや教師を苦しめるさまざまな教育改革を推し進めていった。過度な競争教育が、子どもたちを苦しめていると、国連子どもの権利委員会から、再三勧告を受けてきたにもかかわらず、競争を激化するような高校の学区撤廃や、定員に満たない公立高校の統廃合など、数えあげればきりがない。そんな橋下氏の強権的なやり方を引き継いだのが吉村市長だ。サンフランシスコの高校生の願いに対する誠実な言葉かけもなかったのは当然かもしれない。

フィッシャーマンズワーフのカニ看板

大阪市としてサンフランシスコ市にまだ正式に姉妹都市解消を通知していないのに、大阪市のホームページの姉妹都市紹介欄ではすでに、18年2月6日の日付で、サンフランシスコ市の項目に「現在は交流停止中」とある。また18年度の大阪市の姉妹都市との交流事業助成募集のチラシには「対象となる姉妹都市」にサンフランシスコ市はすでに記載すらされていない。サンフランシスコ市との関係を躍起になって解消しようとする吉村市長の影響がここにも表れている。

大阪市役所の目と鼻の先にある中之島公園に、「姉妹都市50周年」を記念した銅板があるのを知っているだろうか。私もいつも通り過ぎるばかりでつい最近まで気づかなかったのだが、サンフランシスコ市に一緒に行った中村さんから「大阪市にも姉妹都市のしるしがありました」と教えてもらった。ジャパンタウンで見たパゴダやサンフランシスコ市の市街地、ケーブルカー、フィッシャーマンズワーフのカニの看板、そしてそれを挟むようにゴールデンゲートブリッジが描かれている。この橋こそが両市の絆なのだ。フィッシャーマンズワーフのカニの看板は、道頓堀にある「かに道楽」を思い出して笑ったが、60年に及ぶ付き合いとはそういうものなのだろう。その絆を壊してはならないと、銅板が訴えているように見えた。

おわりに…「少女像」を大阪に

私たちが生きる人生は80年余り。「慰安婦」だった人々に残された時間はあまり長くない。人の人生にとって、大切なものは何だろうか。富や権力に価値を見出す人もいるだろう。しかし、人としての名誉や尊厳に代わるものはないのではないか。

人としての尊厳を踏みにじられてきた人々が、最後の命の炎が消える前に、自分が奪われた尊厳を取り戻したいと思うのは当然だろう。残念ながら、今日まで日本政府は「慰安婦」問題に関して、加害の事実に目を背け、形だけの合意を取り付け、本当の意味での謝罪も補償も、尊厳を取り戻すための手立てもしていない。日韓合意は、安倍政権がこの問題を終わりにするためだけに取り付けた理不尽なものだ。そのことは、「慰安婦」の方々が納得していないことからも明らかだろう。まるで安倍政権は「慰安婦」だった方々が亡くなるのを待っているかのようだ。エリック・マーの言葉を借りるならば、「人としての情けと共感」を安倍政権に求めたい。

では、「慰安婦」だった方々が全員死んでしまえば、この問題は終わるのか。

否。終わらない。終わらせてはいけない。

それが「記憶」だ。

92年、ユネスコは「世界の記憶」遺産事業を始め、09年に「アンネの日記」が「世界の記憶」に登録された。ドイツでは05年にホロコーストの犠牲となったユダヤ人を追悼するモニュメントをベルリンに作った。このモニュメントの下には、ユダヤ人が書き残した個人の記録などが展示されている。

一方、韓国、日本、中国、オランダなどの市民団体が共同で「慰安婦」に関連する資料を記憶遺産として登録を申請していたが、日本政府の反対などによって、登録の判断が見送られ、17年のユネスコ「世界の記憶」登録申請リストから除外されることになった。

ともに、第二次世界大戦における戦争の記憶として、重要なものにもかかわらずだ。日本政府は何を求めているのだろうか。

それは「忘却」だ。「忘れてください」「水に流してください」ということなのだ。

だが「忘却」は未来を作らない。未来につながらない。

悲惨な歴史であればあるほど、「記憶」によってしか、それを繰り返すことが防げないのだ。

「記憶」を伝えていくことが、未来を作っていく。過去を未来につなぐために必要なのだ。

「少女像」が、韓国をはじめアメリカやカナダに建てられているのも「記憶」のためだ。そして、「少女像」の立つ地が学ぶ場になり、「少女像」そのものが学ぶべき記憶として存在している。

「少女像」は憎悪の像ではない。「反日」の像でもない。

もし、これを見て憎悪や「反日」を感じると思うならば、それがどこからきているのかを考えてほしい。広島の平和公園に建てられている慰霊碑は、憎悪や反米のためではないのと同じだ。トランプ大統領ですら、あの碑を撤去せよとは言うまい。人類が犯した過ちを二度と繰り返さないと誓った、平和への誓いだからだ。人々は過ちを犯す。しかし、その過ちを放置せずに、是正しようと思った者だけが二度と過ちを犯さないのだ。

日本が戦争中に犯した過ちを本当に反省するならば、加害の真実を言い訳したりごまかさずに認めることだ。そのうえで、被害者に心からの謝罪と補償と名誉回復、本格的調査、その結果の公表、記憶のための教育、そして記憶のための記念碑を作ることだ。世界各国に作られている「少女像」は、本来ならば日本政府こそが作るべきものだ。

私は「少女像」を大阪に作りたい。在日が多く住む大阪に建てたい。「慰安婦」だったキム・ハクスンハルモニをはじめ多くの被害者が尊厳をかけて立ち上がった。サンフランシスコ市では、エリックや正義連盟のジュリーやリリアン、ERの美穂らが尊厳をかけて運動を起こした。海を越えて、私も彼らと連帯したい。大阪市とサンフランシスコ市の絆をつなぎ続けたいという多くの人々と連帯したい。私自身の尊厳をかけて。

…………………………………………

「慰安婦」問題を追い続けてきました。「少女像」に会うたびに、少女たちの叫びが胸に迫ってきます。キム・ハクスンさんたちの運動こそが #MeToo 運動でした。沖縄で女性が米軍属に殺されて2年がたちます。財務省官僚によるセクハラ事件も本当の解決を見ていません。性暴力は過去の問題ではないのです。多くの女性たちの悲劇を忘れずに、記憶し、未来につなげていきたいと思います。日本だけにいると、この問題を日本政府と韓国との問題だけにとらえがちですが、サンフランシスコ市に行ってみて、世界的視野で考える必要を痛感しました。「少女像」は今なおはびこる性暴力の象徴。ここから真実を学び、世界中から性暴力がなくなるために何ができるかを考えるためのものです。

サンフランシスコ市で、キム・ハクスンさんの銅像に寄りそったとき、まるで彼女が生きているかのように感じました。彼女に今度こそ「慰安婦」問題を解決すると約束しました。

「サンフランシスコに行こう！」と17年12月から思っていました。そんな思いを受け止めて、ともにサンフランシスコに渡ってくれた仲間、中村正雄さん、わたなべ結さん、本庄豊さん、珍道中を助けてくれた花房吾早子さん、在日との縁を結んでくれた金光敏、サンフランシスコ市で多くの人にめぐりあわせてくれた金美穂、そして大阪から来た私たちを暖かく迎えてくれた正義連盟のみなさんに心より感謝します。

2018年5月16日

キム・ハクスンハルモニとともに

〈資料編〉

①2015年9月22日サンフランシスコ市議会決議文　98
②2015年8月27日付　サンフランシスコ市議会への橋下市長からの書簡　99
③2017年2月1日付けサンフランシスコ市長あて書簡　107
④2017年2月3日付け大阪市長あて書簡　108
⑤2017年9月29日サンフランシスコ市長あて書簡　109
⑥2017年10月2日付け大阪市長あて書簡　110
⑦市民団体からの吉村大阪市長への抗議文　112

①２０１５年９月22日サンフランシスコ市議会決議文

「サンフランシスコ市における慰安婦の碑または像の設置と女性と少女の人身取引をやめるようコミュニティに教育させることを支持する決議」２０１５年９月22日

大半の国際的歴史研究家によると、「慰安婦」とは、１９３０年代から第二次世界大戦にわたる植民地期と戦時に占領されたアジア・太平洋諸島で日本帝国軍に拉致されて、強制的に性的奴隷にされた20万人の女性と少女を婉曲的に表するものである。

アジア諸国の侵入と占領が続いた15年間にわたって、日本帝国軍は占領国や植民地において筆舌に尽くしがたい大量性的暴行、大量殺人、極悪非道な拷問やその他残虐行為を含む戦争犯罪を犯し、その内容は文書で記述が残されている。東京、南京、マニラ、横浜、ハバロフスクで行われた戦後の軍事裁判にて調査され戦争犯罪人として指定された数名の日本の軍事指導者のほとんどは起訴から逃れた。

２００１年にサンフランシスコ市議会で可決された８４２－01号決議は日本政府に、日米安全保障条約の50周年に、日本の戦時残虐行為について完全に認めて謝罪し、武力侵略から生き延びた被害者に正当な補償を与えることを強く求めた。

２００７年にアメリカ合衆国下院はマイク・ホンダ議員が提出した超党派の下院決議１２１号を可決し、この決議も日本帝国軍が若い女性を強制的に性的奴隷としたことを日本政府が正式的に認め、謝罪し、歴史的責任を負うことを求めるものである。

２０１３年にサンフランシスコ市議会が２１８－13号決議を可決し、第二次世界大戦中の性的奴隷制度を否定する日本を非難し、「慰安婦」に対する正義を全うするよう求めた。

２０１５年は第二次世界大戦（１９４１～１９４５）と太平洋戦争（１９３１～１９４５）の終結及び、日本帝国主義と軍国主義が連合国側に敗れた70周年の年である。

カリフォルニア州のグレンデール市とロアート・パーク市、ニューヨーク州のロングアイランド島、ニュージャージー州のパラセイズ・パーク区とユニオン・シティ市、バージニア州のフェアファックス市、ミシガン州のミシガン・シティ市を含むアメリカ合衆国における数都市は既に太平洋戦争時の日本占領下の「慰安婦」を祈念するために慰安婦の碑を設置している。

他国において女性は被害に遭っているが、日本帝国軍が起こした行動を決して許すことにはならない。

現在２０９０万人もの人身取引の被害者が世界中におり、

そのうちの55％は女性と少女である。強制労働や人身取引は世界中で１５００億ドルの犯罪産業となっている。

サンフランシスコもこの問題から免れず、港、空港、産業の発展や移民の増加という背景のもと、人身取引の目的地と考えられている。

これらの被害について学び、教えることはサンフランシスコを始め世界中の国々で起きている現代の人身取引の流行を止める助けになる。

第二次世界大戦時に12万人も大量に強制収容所に監禁され、他のコミュニティと共に差別を受けた日系アメリカ人コミュニティのリーダー達は、過去数十年にわたって、幅広いアジア・太平洋諸島系住民コミュニティと緊密に連携し、連携強化や信頼関係、相互理解の構築、及び公民権と社会正義のためのコミュニティ形成に努めている。

サンフランシスコは移民やその子孫の多い都市であり、その多くはアジア・太平洋諸国にルーツがあり、日本の過去の性的奴隷制度を直接又は間接的に体験している。

市の部署とサンフランシスコ統合学区は、「慰安婦」、現代の人身取引制度、女性と少女に対する暴力と虐待を終わらせる取り組みについてコミュニティに教育する他の機会を検討している。

移民コミュニティ、女性活動団体、人権団体は、これらの少女や女性の窮地や苦しみが忘れられることのないよう、歴史から消し去られることのないように、慰安婦及び、日本軍による数百万人の戦争被害者のために、サンフランシスコで記念碑を設置することを目指して連携して活動している。

次の決議を求める：サンフランシスコ市機関がコミュニティ団体と連携して、記念碑を設計し設置すること。

更に、次の決議を求める：第二次世界大戦終戦70周年のこの年に、性的奴隷として測りがたい苦痛と屈辱に苦しんだ少女と女性を祈念し、また、後々の世代が追悼、反省、悔恨、償いができる神聖な場所として、サンフランシスコ市議会が公共的な記念碑の設置に強い支持を表明すること。

②２０１５年８月27日付　サンフランシスコ市議会への橋下市長からの書簡

サンフランシスコ市議会様

貴市議会で審議中の議案（慰安婦の碑または像の設置を支持する決議）について、拝見しております。未だ審議中の案件ではありますが、貴市議会では今後委員会審議に付して、公聴会を開くなど幅広い意見を聴取されようとしておられますので、姉妹都市の市長としての立場から、現段階で一つの意見として私の考えをお伝えしようとするものです。

私の考えを広く貴市市民の皆さまにお伝えできますよう、貴市議会の決議案に対する公開書簡の形でご説明させていただきます。この議論についての一助となりますことを期待いたします。

〈普遍的な価値を持つ女性の尊厳と人権が戦場においても守られる世界をめざして、そのための活動は大いに取り組むべき〉

21世紀の今日、女性の尊厳と人権は、世界各国が共有する普遍的価値の一つとして、確固たる位置を得るに至っています。これは、人類が達成した大きな進歩であります。しかし、現実の世界において、兵士による女性の尊厳の蹂躙が根絶されたわけではありません。私は、未来に向けて、女性の人権を尊重する世界をめざしていきたい。そのために必要となるのは、過去と現在を直視することです。日本を含む世界各国は、過去の戦地において自国兵士が行った女性に対する人権蹂躙行為を直視し、世界の諸国と諸国民が共に手を携え、二度と同じ過ちを繰り返さぬよう決意するとともに、今日の世界各地の紛争地域において危機に瀕する女性の尊厳を守るために取り組み、未来に向けて女性の人権が尊重される世界を作っていくべきだと考えます。女性の尊厳と人権を守るための活動については大いに取り組むべきで、基本的に賛成です。

ただし、女性の人権問題への取り組みが目的であるというのなら、そのための記念碑は、旧日本軍によって利用された慰安婦だけではなく、「世界各国の軍」によって、戦場において性の対象とされてきた全ての女性に対するそうした行為のすべてを二度と許さないと、世界に向けて宣言するものでなければなりません。戦時という環境において、日本を含む世界各国の兵士が女性の尊厳を蹂躙する行為を行ってきた、という許容できない「普遍的」構造自体をこそ、私達は問題にすべきなのです。日本を含む世界各国は、戦場における性の問題について、自らの問題として過去を直視すべきです。過去、戦場において、日本だけでなく世界各国の軍によって、女性が性の対象とされてきたこともまた、厳然たる歴史的事実です。残念なことに今日においてもなお、戦場における女性、子供への性暴力が行われているとの報道が多くなされています。

〈慰安婦問題の否定はしない、筆舌に尽くしがたい慰安婦の苦痛への理解と反省〉

第二次世界大戦前から大戦中にかけて、日本兵が「慰安婦」を利用したことは、女性の尊厳と人権を蹂躙する、決して許されないものであることはいうまでもありません。本人の意に反して、戦地で慰安婦として働かされた方々が被った苦痛、そして深く傷つけられたお気持ちは、筆舌につくしがたいものであることを私は認識しています。ですから、私は、いかなる意味でも、慰安婦の問題を正当化する議論には与してきませんでしたし、これからも与しません。日本は過去の過ちを真摯に反省し、慰安婦の方々には誠実な謝罪とお詫びを行うとともに、未来においてこのような悲劇を二度と繰り返さない決意をしなければなりません。

〈ただし日本の事例のみをとりあげることによる矮小化は、世界各国の問題解決につながらない〉

一方で、戦場の性の問題は、旧日本軍だけが抱えた問題ではありません。第二次世界大戦中のアメリカ軍、イギリス軍、フランス軍、ドイツ軍、旧ソ連軍その他の軍においても、そして朝鮮戦争やベトナム戦争における韓国軍においても、この問題は存在しました。世界各国の軍でも同じ問題があったことを理由に旧日本兵の慰安婦問題を正当化しようというような意図は毛頭ありませんが、戦場の性の問題を旧日本兵のみに特有の問題であったかのように扱い、日本以外の国々の兵士による女性の尊厳の蹂躙について口を閉ざす限り、世界が直視しなければならない過去の過ちは正されず、今日においても世界の様々な地域において報告されている兵士による女性の尊厳の蹂躙問題は解決されないでしょう。そのことを私は何より懸念するのです。

〈日本が特異であると言われていることへの反論〉

日本が特異であると言われている理由として二つのことが考えられます。韓国側の態度の変更と、間違った認識をあたかも確たる事実と思わせる巧みな論理展開です。

第一に特に韓国側の態度の変更があります。日本と韓国の間では、日韓基本条約と日韓請求権並びに経済協力協定で植民地時代のことをすべて解決したはずなのに、韓国側は最近になって慰安婦問題は協定に入っていないと言い出しました。日本政府の立場でいうと「筆舌に尽くしがたい苦痛は与えたが条約で解決済みであり、それ以上の法的責任は負わない」となりますが、韓国は「請求権問題は条約では未解決」との立場を主張し、双方の法的責任に対する認識の隔たりは大きいというのが現実です。

国際社会において日本に道義的責任があることは間違いないと私も考えますが、とはいえ、日本政府の見解としても、国際法上の立場からも、条約が存在する以上、法的責任を持ち出すことはどう考えても不可能です。そのような中でも例外的に責任を問えるものが敢えてあるとすれば、いつまでも時効にかかることなく、永久的に戦争犯罪として個人の過去の罪を問うことが可能なホロコースト、ナチスなど、ジェノサイド的な犯罪や人道に対する罪など極めて「特異な」ものだけだと思います。ジェノサイドや人道に対する罪が「2000年国連安全保障理事会決議1325号11項」において、恩赦規定の適用除外とすることで時効や条約等に関係なく永久に責任を追及していくべきと謳われているのも同様の趣旨だと考えます。このような流れを背景に、韓国側は慰安婦問題に対する態度を硬化させ、日本の慰安婦問題は人道に対する罪であると執拗に主張しているのです。

これに関連しているのが第二の要因です。ジェノサイドでも人道に対する罪でもない慰安婦問題を、まるでそうであるかのように強調する巧みな論理展開です。実際に慰安婦問題をジェノサイドや人道に対する罪のように唱えている活動家や種々の報告書もあるようですが、これは正しくありません。慰安婦問題がジェノサイドや人道に対する罪であるという主張に焦点をあてるのであれば、慰安婦像の碑文にある「日本帝国軍に拉致されて」「強制的に性的奴隷にされた」「20万人」といったキーワードの正確さが問題になります。問題の本質を見極めるために、日本が国家の意思として強制連行をしたのかどうかも含めて、慰安婦への非人道的対応の実態などについて、検証がなされることが必要です。最近明らかになったり、話題になった例をみるだけでもこれらのキーワードが正しくないことがわかります。

少し具体的にお話しますと、例えば、いわゆるクマラスワミ報告（クマラスワミ氏による1996年の国連人権委員会特別報告）では「慰安婦」を「軍性奴隷」と断じています。その根拠の一つとして、「1000人もの女性を慰安婦として連行した奴隷狩りに加わった」という吉田清治氏の告白をあげていますが、吉田清治氏は、一方でこの告白が創作であることを認めており、従前から慰安婦問題を報道してきた朝日新聞も、2014年8月5日に、吉田清治氏の告白を虚偽と判断し、多くの朝鮮の女性を慰安婦として「暴行加え無理やり」「狩り出した」とする一連の記事を取り消し、日本国内でも衝撃的な大問題となったのは記憶に新しいところです。これらを受けて、2014年10月に、日本政府はクマラスワミ報告の記述の一部撤回（旧日本軍が韓国から慰安婦を強制連行したとする吉田証言に拠った部分の撤回）を申し入れましたが、クマラスワミ氏ご自身はその報告書は吉田証言のみに拠って書いたものではないとして、撤回を拒否しています。他方で、クマラスワミ報告自体はジョージ・ヒックスというジャーナリストによる“The Comfort Women”という著作に多く依拠していますが、この著作は実証性に乏しいものであると複数の研究者から指摘されているものだということを、申し添えておきます。そもそもクマラスワミ報告は、今日の女性に対する暴力に関する50ページに及ぶ報告書であり、慰安婦問題はその報告書本体についた二つの付属文書のうちの一つ「戦時における軍の性奴隷制度問題に関して、朝鮮民主主義人民共和国、大韓民国及び日本への訪問調査に基づく報告書」において取り扱われたものです。国連人権委員会においては、クマラスワミ氏の特別報告を審議の材料とした上で「女性に対する暴力の撤廃」という6ページに及ぶ決議を採択しました。その決議の中で特別報告者の作業を「歓迎(welcome)」し、当該付属文書の報告内容に対しては「歓迎」よりも評価の低い「留意する（take note)」と触れただけにとどまります。このことが示すことはつまり、クマラスワミ報告本体が最も高く評価されたのであれば用いられたであろう「賛意(commend)」が示されたわけでもありません。よって国連人権委員会として、「慰安婦」を「軍性奴隷」と断定する内容を容認（endorse）したものでは決してないのです。

もうひとつの例として、アメリカの大手教育出版社であるマグロウヒル社の高校の世界史教科書「伝統と交流」では、第2次世界大戦を扱った章の中で、「日本軍は14歳から20歳までの20万人もの女性を強制的に連行・徴用し軍用売春施設で働かせた」、「逃げようとしたり性病にかかったりした者は日本兵に殺された」、「戦争が終わる頃には、慰安所でやっていたことを隠すために多数の慰安婦を虐殺した」など多数の虚偽の記述があり、事実とは全く異なる誤った認識に基づく内容があたかも史実であるかのように教育現場に持ち込まれています。日本政府が重大な事実誤認があるとして訂正を求めていることに対し、アメリカ国内ではこれを言論・出版の自由や学問の自由に干渉するものだとする批判がありますが、決してそうではありません。間違った事実の指摘を批判することこそが言論・出版の自由や学問の自由への干渉なのです。

米国の学者らは２０１５年5月5日の声明で「旧日本軍による慰安婦制度はその規模の大きさと、軍隊による組織的な管理が行われたという点において、そして日本の植民地と占領地から貧しく弱い立場にいた若い女性を搾取したという点において、特筆すべきもの」だと結論づけていますが、規模の大きさや組織的関与の有無が問題なのではありません。規模や軍の関与に関わらず、世界各国の軍によって引き起こされてきた「普遍的」な女性の人権問題と考えなければならないのです。自国の例を直視せず、日本の例を特異なものとしてそこだけを問題視する考え方は、世界各国で貧しく弱い立場にあった女性が受けた苦痛から目を背けることにも繋がってしまうのです。

さらに、ジェノサイドであるナチスドイツのホロコーストと全く違った文脈で起こった「慰安婦」問題とを同列に扱おうとする動きもありますが、ホロコーストは一民族の抹殺であり、人類史上例を見ない犯罪です。「慰安婦」問題は女性の尊厳と人権を蹂躙する決して許されないものですが、戦時における兵士による女性の人権の蹂躙というある種の「普遍性」を持った問題と、民族の抹殺という人類史上極めて特異な人道的問題を同一視する論理は、理解し難いと言わざるを得ません。また1994年のルワンダ大虐殺の組織的レイプはルワンダ国際刑事裁判所でジェノサイドとされましたが、これはあるグループの殲滅を意図した組織的なレイプであり、日本軍によるいわゆる慰安を目的とした慰安婦制度とは目的も方法も違います。

このように、慰安婦問題に関しては、現在までのところ、国家が組織をあげて人さらいのような強制連行を行なっていたというような確たる証拠は何も出てきておらず、そうである以上、日本の立場としては、法的責任はやはり認められないという結論にならざるを得ません。旧日本兵の慰安婦問題は「特異的である」「特筆すべき」などと表現されることがよくありますが、それは日本の謝罪や和解の取り組みを受け入れていない、また日本の取り組みをそもそも知らないということに止まらず、それどころか慰安婦問題がいつの間にか「確たるジェノサイド的な事実」として誤って国際社会に広まっているからではないでしょうか。

〈日本に法的責任があると言うなら、世界各国も同様のはず〉

逆に、日本の「慰安婦」に対する責任問題が、条約や二国間取り決めで全て解決済みとは言い切れない、日本の慰安婦問題をジェノサイドや人道に対する罪のように言うのであれば、世界各国も同罪であることを国際社会は主張しなければなりません。

戦場において、日本だけでなく世界各国の軍によって、女性が性の対象とされてきたこともまた、厳然たる歴史的事実です。軍の関与があったかどうかがよく議論の俎上に上りますが、どのような形態であれ、性の対象として女性を利用する行為そのものが女性の尊厳を蹂躙する行為なのです。重ねて申し上げますが、世界各国には、戦場の性の問題について、過去に日本という他国が起こした特異事例としてではなく、自らの問題であるとして過去を直視してもらいたいのです。そうでなければ、今なお続く兵士による女性の尊厳の蹂躙は根絶できません。

〈貴市議会の決議案に関する懸念とグレンデール市の慰安婦像、碑文の問題点〉

今回の決議案に関して懸念するのは、旧日本軍の行為の「特異性」という誤った事実認識に基づいて、碑文に間違った事実が刻まれるのではないかということです。

２０１３年7月にグレンデール市に設置された慰安婦像の石碑には「１９３２年から１９４５年の間に日本帝国軍によって強制的に性奴隷状態にされた20万人以上の（中略）アジアとオランダの女性を記念して。（以下略）」と刻まれていますが、これは歴史的事実として確認されていない言説です。慰安婦の数や募集における旧日本軍の関与について歴史研究者の間でも議論が分かれていることは２０１５年5月5日の『日本の歴史家を支持する声明』の中で米国を中心とする１８７名の歴史家研究者らが自ら認めています。にもかかわらず、碑文に刻まれ、広く報道されることで、世界の多くの人々がこの不確かな一方的主張をそのまま歴史的事実と信じてしまうことが、残念でなりません。

今回、貴市議会で審議されることになる決議案の文面を見る限り、具体的な碑文については触れていませんが、「日本帝国軍に拉致されて」「強制的に性的奴隷にされた」「20万人」といったキーワードが既に書かれており、同じような表現になるのではと懸念しています。グレンデール市の石碑は「この不当な人権侵害が決して繰り返されないことが、私たちの偽らざる願いです」と締めくくられており、この部分に込められた思いには賛成です。ただ、そこに事実として何が刻まれるかが問題なのです。国連安保理決議１３２５号にもあるように、戦場、戦時における女性子供への暴力、性暴力は他の被害に比べて突出してきましたし、世界各地で「普遍的」に見られることが指摘されており、戦場における性暴力は世界全体が取り組まなければいけない問題と、私は認識しているのです。

なお、決議文の「数名の日本の軍事指導者のほとんどは起訴から逃れた」という記述も間違いです。

戦後の軍事裁判では、戦争犯罪人として多くの関係者が処罰されています。バダビア臨時軍法会議において、インドネシアのジャワ島スマラン他の収容所に抑留されたオランダ人女性を慰安所に強制連行した日本軍将校らが裁かれ、その責任者のうち一人は死刑となっているように、慰安婦問題に関しても、処罰されるべき者は処罰されているのです。

〈事実の正確な把握と認識こそが将来の過ちを防ぐ、石碑はその役割を担うからこそ不正確さを最大限排除した事実の提示が必要〉

誤解のないように重ねて申し上げますが、私には旧日本兵の慰安婦問題を世界各国の軍でも同様のことが行なわれていたことを理由に正当化しようなどという意図は全くありません。日本は過去の過ちを直視し、徹底して反省しなければならないのです。慰安婦像や石碑を建てる意味があるとすれば、過去を直視し、世界各国が共有する普遍的価値の一つである女性の尊厳と人権を尊重する世界をめざしていくという宣言のためであり、あくまで碑文の中身はその観点から各国が共有できるものであるべきと考えます。他国の兵士がどうであろうとも、旧日本兵による女性の尊厳の蹂躙が決して許されるものではないことに変わりはないのです。それゆえに過去の直視とは別に、日本は独自に自らの問題について向き合い、問題解決の努力を謝罪と道義的償いとして行なってきました。

〈日本政府の立場、元慰安婦の方々へのこれまでの誠実な対応、女性の尊厳と人権が守られる世界を創り上げていく決意〉

現在、元慰安婦の一部の方は、日本政府に対して、国家補償を求めています。しかし、1965年の日韓基本条約と「日韓請求権並びに経済協力協定」において、日本と韓国の間の法的な請求権（個人的請求権も含めて）の問題は完全かつ最終的に解決されました。また、中国は、1972年の日中共同声明において戦争賠償の請求を放棄したことを前提に、個人被害者へのいかなる支払いも必要ないという態度を日本の外務省に対してとっていたことからうかがえるように、日本と中国の間に法的な請求権の問題は存在していません。日本は、韓国や中国との間の法的請求権問題が最終解決した後においても、元慰安婦の方々への道義的責任を果たすために、国民からの寄付を募り1995年に「女性のためのアジア平和国民基金（略称アジア女性基金）」を設立しました。

アジア女性基金は全ての国の慰安婦の方に向けてスタートし、それぞれの国の実情に応じたものとなるよう各国と話し合った結果、韓国だけでなくフィリピンやインドネシアなど4カ国1地域で償い事業が行なわれました。中国についても、元慰安婦の方々への償いの可能性を打診しましたが、基金関係者の話によりますと中国政府は断ったとのことです。元慰安婦の方々へ償い金をお渡しし、総理大臣の直筆署名入りのお詫びの手紙と日本国民からのメッセージを添えて、あらためてお詫び申し上げたほか、女性の尊厳を傷付けた過去の反省にたち、女性に対する暴力など今日的な問題に対処する事業を援助するなどの女性の尊厳事業を行なうことで、日本政府はアジア女性基金とともに、誠実に対応してきたのです。

先日安倍首相が発表しました戦後70年談話においても、首相は戦時下に名誉と尊厳を深く傷つけられた女性がいた事実を直視し、今後はそうしたことのない世界を創り上げたいという希望とそうした世界を日本が率先して創り上げていくというリーダーシップの決意を示したのです。

〈日系人への配慮を求める、姉妹都市への影響を懸念、次世代の若者がいがみあわず協力していける環境をつくることの責任〉

過去の過ち悲劇を直視し、犠牲者に思いをはせることで同じ過ちを繰り返さないこと、被害者の痛みを和らげることは、今日に生きる我々の世代の国境を越えた責任ではありますが、それと同時に次世代の若者がよりよい世界のために、いがみあわず協力していける環境を作ることも我々の責任です。

サンフランシスコには日本人、日系人が多く住んでおります。慰安婦像もしくは石碑の設置はコミュニティーに分断を持ち込みかねないものとして懸念しており、またよりよい日米関係のためにも、細心の注意を払っていただきたい旨、姉妹都市大阪市の市長として述べさせていただきました。サンフランシスコ市とは長年にわたって相築き上げてきた友好関係を礎に、更なる協力によって、ともによりよい未来を構築していけると考えており、それを強く望むものです。

大阪市長　橋下徹

③2017年2月1日付けサンフランシスコ市長あて書簡

サンフランシスコ市長エドウィン・M・リー様

常日頃より大阪市との姉妹都市交流にご尽力いただき、大阪市民を代表してお礼申し上げる。

サンフランシスコ市芸術委員会において、慰安婦正義連合からサンフランシスコ市に寄贈予定の慰安婦像のデザインが1月9日に承認されるとともに、1月18日には芸術委員会のビジュアルアート委員会において、碑文についても2点修正の後、全員一致で承認されたと聞いた。

慰安婦問題に関しては、日韓両国政府の一昨年の12月の合意において、日本が多数の女性の名誉と尊厳を傷つけたとして責任を表明し、この問題を最終的かつ不可逆的に解決すること、そして今後国際社会において互いに非難・批判することを控えることで合意した。この合意については、米国政府も支持し、その着実な履行を注視している。元慰安婦の方々の支援を目的として韓国政府によって設立された財団に資金を拠出するなど、日本政府はすでに合意の責務を果たしたと認識しており、現在、日韓両国政府が合意の実施に向け努力している最中にある。その中で貴市における慰安婦像や碑文の設置の動きは本市にとってこの合意の精神を傷つけるものであるといわざるを得ず、大変遺憾である。

もちろん過去を直視し、世界各国が共有する普遍的価値のひとつである女性の尊厳と人権を尊重する世界をめざすことは重要である。しかし、歴史研究者の間でも議論が分かれる慰安婦の数、旧日本軍の関与の度合い、被害の規模について、不確かで一方的な主張をそのまま歴史的事実として碑文に記することは、歴史の直視ではなく日本批判である。

サンフランシスコには日本人・日系アメリカ人が多く暮らしている。また大阪をはじめとする日本各地からの観光・ビジネス客も多く訪れている。もし疑義のある不確実な文言と日本のみを非難の対象とした文言が碑文に含まれたまま貴市芸術委員会において承認され、この碑文とともに慰安婦像が公共の公園に設置されることになれば、地域に分断を持ち込むこととなりかねず、両市の交流、果ては日米関係にも悪影響を及ぼすのではないかと大変懸念している。

本年は姉妹都市提携60周年を迎える記念すべき年である。昨年8月にはリー市長と直接対話も行い、良好な信頼関係が構築できたと考えている。今後も貴市とは未来志向でのさらに強固な関係を築きたいと願っているところであり、この問題について姉妹都市の市長として貴殿の慎重な対応を強く望む。

なお、この書簡については、サンフランシスコ市民の皆様はもとより、大阪市民の皆様を含めて広く知っていただきたいとの趣旨で、公開書簡とさせていただきますのでご理解ください。

大阪市長　吉村洋文

④2017年2月3日付け大阪市長あて書簡

大阪市長吉村洋文様

サンフランシスコの「慰安婦」像について、貴殿の懸念を示した心のこもった親書に感謝する。昨年の8月の面談を懐かしく思い出すとともに、両都市間の実りある前向きな姉妹都市関係の継続を何よりも望んでいる。

ご存じかもしれないが、「慰安婦」像は民間の資金によるプロジェクトであり、戦時中の悪行に対する補償と正義の実現に、地域の活動家グループが長年その人生を捧げて取り組んできたものである。彼らの要求は、前例のないことではない。なぜならサンフランシスコには、歴史上の最も暗い過去を後世に伝えるため、また、平和や和解を呼びかけるための公及び民間の記念碑が数多くあるからである。

私は、日本がこれらの過去の行いを償うために尽くしてきた努力について認識し、敬意を払うが、一方で歴史というものはしばしば個人によって解釈が大いに異なるものである。「慰安婦」問題解決のための正義連合（以降、ＣＷＪＣ）のメンバーは、記念碑という手段で犠牲者に敬意を払うことが自らの務めであると感じており、その意図は善意であり、大阪とサンフランシスコの関係を混乱させたいわけではないと私は思っている。

地域からの働きかけに対し、独立性を持って選出された議員で構成されるサンフランシスコ市議会は、全会一致でサンフランシスコにおける慰安婦像の設置を承認し、それによってＣＷＪＣの主張を認めた。碑文の文言は部分的に貴殿が以前目にされたであろう決議文から引用されている。

記念碑が問題なく設立されることを見届ける役割を担うサンフランシスコ芸術委員会のメンバーは、碑文文言案について市民の陳述を聞いている。お気づきのように、パブリックコメントを考慮し、会議においていくつかの変更がなされた。最終的に、委員たちは文言が事実に基づいており、記念碑の真の目的を伝えていると感じた。その目的とは、彼女たちに敬意を払い、世界中のあらゆる国に影響を及ぼしているやむことのない人身取引の問題について一般の人々を啓発することである。

市民に選ばれた市長として、私はコミュニティに応じる責務がある。たとえ批判に直面する可能性があるとしても。姉妹都市として、より深い理解とお互いへの敬意をもって60周年を迎えることを切に希望する。そして、多くの市民や人と人との交流を強くサポートしていきたい。そうすることが、相互の市民に資するとともに自治体パートナーシップの構築することになると思う。将来の取り組みに我々の目を転じ、両都市の強化と恩恵につながり、両都市が世界の模範例として高められることを私は期待する。

サンフランシスコ市長エドウィン　Ｍ・リー

⑤２０１７年９月29日サンフランシスコ市長あて書簡

サンフランシスコ市長エドウィン・Ｍ・リー様

貴殿には常日頃より大阪市との姉妹都市交流にご尽力いただき、大阪市民を代表してお礼申し上げる。10月には貴市代表団も来阪されると伺っており、貴殿と再会できないのが残念だが、心を込めて歓迎したい。

さて、現地からの報道等により、９月22日に慰安婦像の除幕式が行われたと聞いた。また、同日を「慰安婦の日」とする旨、9月19日の市議会で決議されたと聞いた。

貴殿に対して2017年2月1日及び2017年3月29日に発信した書簡においてもご指摘させてもらったように、歴史研究者の間でも議論が分かれる慰安婦の数、旧日本軍の関与の度合い、被害の規模について、不確かで一方的な主張をあたかも歴史的事実として刻まれた碑文は、歴史の直視ではなく単なる日本批判につながるものではないかと大いに懸念している。

また、現在は民有地に設置されている慰安婦像及び碑であるが、今後、公有地に移管される計画もあると伺っている。姉妹都市提携60周年という歴史的な節目の年に、このような動きが現地コミュニティーに分断を持ち込み、姉妹都市交流にネガティブな影響を及ぼす可能性があるのではと大いに心配しているところである。

私自身、長年培った良好な姉妹都市関係の継続を切に望んでいるが、もしサンフランシスコ市の意思として、公有地への慰安婦像及び碑の移管がなされることになると、大変残念ではあるが姉妹都市関係を根本から見直さざるを得ない。

貴殿とは昨年8月にお会いし、良好な関係があるからこそ、このような率直な見解を述べることが出来ると思っている。両市の将来の輝かしい未来のため、くれぐれも慰安婦像及び碑が公有地へ移管されることのないよう、貴殿の思慮深い対応を強く望む。

なお、この書簡については、前回の書簡同様、サンフランシスコ市民の皆様はもとより、大阪市民の皆様を含めて広く知っていただきたいとの趣旨で、公開書簡とさせていただきますのでご理解ください。

大阪市長　吉村洋文

⑥2017年10月2日付け大阪市長あて書簡

大阪市長吉村洋文様

拝啓

サンフランシスコにおける慰安婦像に関し、懸念を表明する親書に感謝する。ご存じのとおり、慰安婦像は、地域の活動家グループがその先頭に立って率いる民間資金によるプロジェクトとして、9月22日に除幕された。

貴信については細心の注意をはらって拝読し、また、駐日アメリカ大使や報道機関に対する貴殿の発言についても改めて精査させて頂いた。私は、貴殿が両市の姉妹都市関係の終了を検討されているということに大きな落胆を覚えている。60年以上の長きにわたり、我々の姉妹都市関係は何百もの交流・友好行事を育くんできた。これらの事業は両市にとって相互利益をもたらしてきただけでなく、両市市民の相互理解を深めてきている。

姉妹都市という概念は、「人対人 People-to-People」プログラムを生み出し、また促進することで、政府の干渉を排除したうえで、多様な文化と市民をひとつにまとめることを目的として提唱されたものである。我々の60年にも亘る関係は、たとえ歴史や文化、言語が異なっているとしても、ともに力を合わせることで、人間愛が我々に共通する中核的な価値観であること、我々がともに平和に生きていけることを示してきた。

姉妹都市関係が終了すれば、これまで自らの時間や資源、情熱を注ぎ、友好の懸け橋を築こうとしてきた両市の多くの住民を直接的に傷つけることになってしまうであろう。本市に所在する数々の市民団体は、日々の活動を通じて人々をまとめ上げ、相互理解をもたらしている。両市の市民が強固な協調の将来を築くことができるよう、懸命な努力をしている人々が不利をこうむることになれば、それは恥ずべきことではないかと思料する。

私は、過去を注視するのではなく、我々の子供たちにとって明るい未来を築いていくことに目を向けるべきだと確信している。この観点において、民間の市民により構成されている当地のサンフランシスコ大阪姉妹都市協会が重要な役割を果たしていることは、大きな誇りである。現在非常に困難な時代に生きていることに鑑みれば、両市の明るい未来に向け地道に努力を重ねておられる市民の方々に、我々が強力な支援を示すことは至上命題である。

公選の職にある者として、たとえ批判にさらされることがあろうとも、地域に対して応えていくことが私の責務である。より深い理解と相互の尊敬の念を持って、姉妹都市関係の61年目を迎えることができるよう、心から望んでいる。相互の市民社会をより豊かな利益あるものとし、両市の協力関係を築いていくことにつながっていくよう、我々が両市の人対人の交流を強力に支え続けることを希望している。改めて、我々の素晴らしい都市を強化し利益をもたらすための、将来に向けての努力に対して注意を向け、両市を世界の見本として示していくことができるよう望んでいる。

２０１６年8月に直接お会いし、実のあるお話ができたことを思い起こし、両市の姉妹都市関係を前向きかつ成功に導き続けるとともに、明るい未来に目を向けている人々を強力に支援し続けること以上の望みはない。

敬具

サンフランシスコ市・郡市長エドウィン・M・リー

⑦市民団体からの吉村大阪市長への抗議文

抗　議　文

吉村洋文　大阪市長

大阪市民が60年間育ててきた姉妹都市関係を独断で解消し、サンフランシスコ市にわい曲した歴史を押し付けようとする吉村市長に、市長の資格はありません！

サンフランシスコ（以下、ＳＦ）市における「慰安婦」記念碑と像の設置は、２０１５年7月、ＳＦ市議会に『慰安婦』記念碑と像の設置を支持する決議」が市民団体によって提出された時に始まっています。9月、市議会はこれを全会一致で承認しました。そして、今年の11月22日、エドウィン・リー市長は完成した記念碑と像の市への寄贈を受け入れる決議書に署名し、これらは完全に市の所有のものとなりました。この決議書は、直前にＳＦ市議会において全会一致で可決されたものであり、市長として市民の意思を尊重して判断したのは当然のことです。

ところが、吉村大阪市長は何としてもこのＳＦ市の動きを阻止するため、今年の2月から5回もＳＦ市のリー市長に抗議の書簡を送っています。「日韓合意の精神を傷つけるもの」「碑文は日本批判だ」等と主張しましたが、9月22日に記念碑と像の除幕式が行われると、三回目の書簡から姉妹都市関係解消をチラつかせて、執拗に圧力をかけました。「碑等の市への寄贈を受け入れる決議書をＳＦ市議会が採択するなら、姉妹都市解消を申し入れる」「市議会が採択しても、リー市長は拒否権行使を」等と、まるで脅しともとれるような内容の書簡を送り続けたのです。

吉村市長がこの問題にこうも執念を燃やす背景に、同じ維新の会の橋下前大阪市長の存在があることを忘れるわけにはいきません。橋下前市長は２０１２年から「河野談話は最悪」「なんで日本だけが非難されるのか」『慰安婦』制度が必要なのはだれだってわかる」等と発言し続け、２０１３年5月にはＳＦ市から視察を拒絶され、同市議会から発言撤回を求める決議を全会一致で採択されました。しかし、一切反省することもなく、この「慰安婦」記念碑と像の設置の決議の審議が２０１５年の7月に始まると、8月から三度にわたり、「姉妹都市の市長として」等と恥ずかしげもなく、わい曲した歴史を書いた長文の書簡を送って、審議に圧力をかけています。吉村市長は、その後を引き継いでやっているのです。

日本政府は、このような被害者を貶めるような公人の発言には注意をするようにという勧告を国連の諸委員会から受けても放置してきました。それどころか今回も、安倍首相がこの件で、「遺憾だ」と発言し、吉村市長と同様に、リー市長に拒否権行使の圧力をかけたことを明らかにしています。

現在、吉村市長はリー市長に面会を拒否され、阻止に失敗したため、ふりかざしていた「姉妹都市関係解消」の手続きを進めています。しかし、今年の5月と9月に、市長与党の大阪維新の会から提出されたこの記念碑と像の再検討をSF市に求める決議を否決した市議会では、市長の独断による姉妹都市解消に批判の声があがっています。交流を続けてきた市民からももちろんのことです。

吉村市長は冷静に考えるべきです。「慰安婦」記念碑の碑文に「性奴隷にされた数十万の女性と少女」とあるのが不確かで、日本批判だと言うなら、吉村市長は日本政府に対して「日本軍『慰安婦』制度の真相究明を行え!」と要求すべきです。「日本政府は誠実に『慰安婦』問題と向き合い、事実を明らかにするための調査を行い、このように言われることを一日も早く断ち切るべきだ!」と主張すべきです。さらに、記念碑や像を「日本人として許せない」と言っていますが、リー市長は「SF市には、暗い歴史的過去を後世に伝えるため、平和や和解を呼びかけるために公及び民間の記念碑が数多くある」「記念碑で犠牲者に敬意を払い、世界で止むことがない人身取引や子どもの商業的性的搾取問題を啓発することが今回の市民の目的であり、その意図は善意である」と返信の書簡で述べています。日韓政府は2015年12月、「慰安婦」問題の最終的・不可逆的解決に合意しましたが、これではこの問題を解決できないことが明確になっています。今回、SF市と市民は度重なる日本からの政治的圧力に屈することなく、女性の人権推進を願って「慰安婦」記念碑と像の設立を進めてきました。SF市でこの活動への支持が広がっているように、被害者の尊厳回復をめざしながら記憶を継承していこうとする力こそが、このような事態を繰り返さない社会を作っていくことへとつながります。吉村市長は、自分の「許せない」という言葉は平和や人権を尊重しようとするSFの人々に対して投げつけられているということを知るべきです。

現在、国際社会では、日本軍「慰安婦」問題は国が行った戦時下における女性への重大な性暴力の問題として広く知られています。吉村市長は偏狭で、わい曲された歴史観の過ちに気づき、60年もの間、多くの市民が育んできたSF市との姉妹都市関係を安易に断ち切ることをただちに止めるべきです。

2017年12月7日

日本軍「慰安婦」問題・関西ネットワーク

〈呼びかけ団体〉　日本軍「慰安婦」問題・関西ネットワーク

〈賛同団体〉　おんな・こどもをなめんなよ！の会、女性問題研究会、新日本婦人の会大阪府本部、性暴力を許さない女の会、セクシャルハラスメントと斗う労働組合ぱあぷる、日本軍「慰安婦」問題早期解決めざす大阪の会、OPEN（平和と平等を拓く女たちの絆）

【著者紹介】

平井美津子（ひらい　みつこ）

大阪府大阪市出身。現在、大阪府公立中学校教諭、立命館大学非常勤講師。
大阪歴史教育者協議会常任委員、子どもと教科書大阪ネット21事務局長。専門研究は、アジア太平洋戦争下における日本軍「慰安婦」、沖縄戦研究。
著書に、『教育勅語と道徳教育』（日本機関紙出版センター、2017）、『「慰安婦問題」を子どものどう教えるか』（高文研、2017）、『原爆孤児　「しあわせのうた」が聞こえる』（新日本出版社、2015）、『近代日本　移民の歴史③太平洋〜南洋諸島・オーストラリア』、『シリーズ戦争孤児③沖縄の戦場孤児』、『シリーズ戦争孤児⑤原爆孤児』、『平和を考える戦争遺物④沖縄戦と米軍占領』、『シリーズ戦争遺跡②戦場となった島』（いずれも汐文社）など多数。

表紙の少女像写真：Eric Mar

サンフランシスコの少女像　**尊厳ある未来を見つめて**

2018年6月25日　初版第1刷発行

著　者　平井美津子
発行者　坂手崇保
発行所　日本機関紙出版センター
〒553-0006　大阪市福島区吉野3-2-35
TEL 06-6465-1254　FAX 06-6465-1255
http://kikanshi-book.com/
hon@nike.eonet.ne.jp
本文組版　Third
編集　丸尾忠義
印刷・製本　シナノパブリッシングプレス

Printed in Japan
ISBN978-4-88900-962-0